LE

PRÉSIDENT FAVRE, VAUGELAS

ET LEUR FAMILLE

Etudes historiques sur le département de l'Ain

LE PRESIDENT FAVRE,

VAUGELAS

ET

LEUR FAMILLE

D'APRÈS LES DOCUMENTS AUTHENTIQUES

PAR

E. RÉVÉREND DU MESNIL

MEMBRE CORRESPONDANT DE LA SOCIÉTÉ D'ÉMULATION
DE L'AIN

Edition accompagnée d'un fac-simile de l'acte baptistaire de Vaugelas.

LYON

IMPRIMERIE D'AIMÉ VINGTRINIER

RUE BELLE-CORDIÈRE, 14

1870

LE

PRÉSIDENT FAVRE, VAUGELAS

ET LEUR FAMILLE

Meximieux, situé au point de jonction des routes actuelles (1) de Bourg et de Genève à Lyon, faisait, avant 1790, partie de la province de Bresse, divisée en trois subdivisions (2), la Bresse proprement dite (haute et basse Bresse), le Bugey et pays de Gex, laquelle, primitivement fut de la province d'Autun, puis de la Pre-

(1) L'ancienne route romaine de *Condate* (Lyon) à Geneva (Genève) et Vesontio (Besançon) devait suivre à peu près la même direction : elle longeait le Rhône près de Neyron, passait à Miribel et Montluel où elle se divisait en deux branches, l'une traversait l'Ain à Chasey, tandisque l'autre allait de Montluel à Villars pour se diriger de là vers Besançon. — V. Auguste Bernard, Description du pays des Ségusiaves. Paris, Dumoulin, 1858, p. 158. — Cette route, d'après la Table de Peutinger rectifiée, contenait vingt et une lieues gauloises.

(2) Mémoire du duché de Bourgogne, des pays de Bresse. Gex et Bugey, par M. Ferrand, intendant de Bourgogne, 1698. — Il nous semble qu'au lieu de la province d'Autun (Eduens), la Bresse dépendait du pays des Ségusiaves : les Eduens n'avaient qu'un lambeau de territoire sur la rive gauche de la Saône : seulement les Ségusiaves étaient clients des Eduens : « Imperant Heduis atque eorum clientibus Segusiavis... » — César, de Bello gallico, lib. VII cap. LXXV.

mière Lyonnaise et enfin du royaume de Bourgogne au ve siècle.

La fondation de cette ville date des temps les plus anciens, si l'on en croit une tradition qu'une des tours de l'ancien château était de construction romaine : nous réservons, pour une étude spéciale et plus complète, l'histoire de Meximieux dont les archevêques de Lyon s'occupaient dès le XIe siècle, soit pour y construire une *villa*, soit pour enrichir son antique église de Saint-Apollinaire.

Humbert Ier, élu en 1065 archevêque de Lyon, est le fondateur d'une maison épiscopale défendue par des tours, sur la colline de Meximieux : son testament, rapporté dans l'obituaire de l'église de Lyon (1), ne laisse aucun doute à cet égard : « Humbertus, Lugdunensis archi- « episcopus, qui monetam sancto Stephano recuperavit « et consuetudinem hujus villæ (ad) medietatem, et vil- « lam de Maximiaco et domum episcopalem cum turribus « ædificavit. »

Gauceran ou Josserand, archevêque de Lyon en 1107, fit un legs à Saint-Apollinaire en ces termes : « In re- « demptione terrarum Sancti Apollinaris de Maximiaco « dedit quadragintos octo solidos..... »

Nous ne poursuivrons pas plus loin, quant à présent, cet historique ; les citations que nous venons de faire suffisent pour prouver que le château de Meximieux était pour les prélats de Lyon un séjour de prédilection pendant le belle saison : il est demeuré entre leurs mains jusqu'en 1308.

(1) Obituarium ecclesiæ Lugdunensis, publié par M. C. Guigue, Lyon, Scheuring, 1867, p. 45. — En 1183, l'église de Meximieux dépendait de l'abbaye de l'Ile-Barbe : bulle du pape Lucius III. Elle fut érigée en collégiale en juin 1515, par Léon X.

Il ne reste aujourd'hui que de faibles restes de cette grandeur passée : une belle habitation moderne a remplacé l'antique villa des archevèques, mais la vieille chapelle a été rasée. La famille de Blonay a dû enlever les corps de ceux de ses membres qui avaient cru trouver, dans ce lieu sacré de paix et de prière, un asile assuré de repos et de tranquillité perpétuels.

Meximieux n'a point d'industrie particulière, point de commerce : elle n'a joué, que nous sachions, aucun rôle important dans notre histoire générale; quoi qu'il en soit, ses archives domestiques sont curieuses, et une monographie rapide de cette ville offrira, nous l'espérons, quelque intérêt.

Mais elle revendique l'honneur d'avoir vu naître dans ses murs un homme illustre, un de ceux qui ont le plus contribué à purifier la langue, l'un des membres fondateurs de l'Académie française.

Les biographes de Vaugelas étaient unanimes à le faire naître à Bourg-en-Bresse, alors aux ducs de Savoie, représentés par Charles Emmanuel Ier :

Voilà que M. Victor de Saint-Genis, dans une intéressante *Histoire de Savoie* (1), très-récemment éditée, écrit :

« Les Savoyens ont fait grand bruit autour du nom de Vaugelas; parmi leurs illustrations, c'est une de celles dont ils se font honneur le plus volontiers. Il faut noter, pour être exact, que Vaugelas ne doit à la Savoie que *sa naissance.* » Et en note il ajoute : « Fils du président Favre, *Vaugelas naquit à Chambéry* en 1585 et mourut en 1650. »

(1) V. de Saint-Genis, Histoire de Savoie. Chambéry, Bonne, Conte-Grand et Cie, 1869. 3 vol.

Quoique cette histoire soit dressée sur les *documents originaux*, l'auteur a été mal servi en cette circonstance : c'est pour réfuter cette erreur que nous avons tenté cet essai sur la famille des Favre.

Un savant modeste, un chercheur infatigable, l'estimable curé Blanchon (1), auquel nous devons communication des nombreux documents existants aux archives municipales de Meximieux, a eu, avant nous, l'heureuse fortune de découvrir dans les registres paroissiaux que nous avons nous-mêmes fouillés, l'acte de baptême qui suit et dont un fac-simile (photographié par nous-même) est reproduit dans la planche qui accompagne notre travail :

« *1585, janvier.* »

« *Le 6 dud. moys a esté baptizé noble Claude fils de respectable Anthoyne Faure juge mage de Bresse et damoyselle Benoiste Faure sa femme Et a esté parrein hon. Claude Faure et marreyne damoyselle Bonne vefve feu noble Philibert Faure et a esté baptizé par moy soubs.* »

« *Estion.* »

En présence de cette pièce, dont l'authenticité ne saurait être discutée, aucun doute n'est possible : Claude Favre de Vaugelas, cet homme au parler si pur, est né à Meximieux le 5 janvier 1585.

Ce nom de Favre est au reste de Meximieux, où la famille de ce nom est de toute ancienneté mentionnée. Diverses localités consacrent cette appellation comme

(1) Nous sommes heureux de pouvoir lui adresser publiquement nos remerciements pour le désintéressement avec lequel il a bien voulu nous communiquer les nombreux renseignements par lui recueillis sur l'histoire locale, qu'il a, depuis longtemps, fort approfondie.

LE PRÉSIDENT FAVRE

VAUGELAS

& leur famille

1585

Janvier

FAC-SIMILE PHOTOGRAPHIQUE

de l'acte baptistaire de Claude FAVRE, seigneur de VAUGELAS,

né à Meximieux, le 5 janvier 1585.

d'après les registres paroissiaux de Meximieux

photographiés par E. Révérend du Mesnil.

étant du pays : depuis la rue du Séminaire jusque près la place Vaugelas, le territoire au midi de la route de Lyon à Genève s'appelle Le Favre, celui du nord s'appelle clos Favre : plusieurs vignes sont dites Jean Favre, et un terrain au hameau de Chavagneux s'appelle clos Favre.

Le nom s'est, il est vrai, écrit diversement Faure, Favre ou Fabre, quelquefois Fabure, du latin *Faber* (1) : il est résulté de la similitude de l'*u* avec l'ancien *v* une confusion inévitable pour les généalogistes : mais cette confusion sera facilement éclaircie à l'aide des documents authentiques que nous produirons au cours de cette notice. Le nom de Favre étant celui le plus généralement adopté par l'usage, qui l'a consacré pour Vaugelas, c'est celui que nous suivrons constamment.

Il n'est point douteux pour nous que la famille Favre, qu'on rencontre à Meximieux dès le milieu du XIIe siècle, ne soit originaire de cette ville où ses commencements furent humbles et obscurs : les diverses branches qui, en Savoie, en Dauphiné et en Dombes, ont joui des priviléges de noblesse, remontent à cette même souche primitive que nous allons tout d'abord rapporter :

LES FAVRE DE MEXIMIEUX.

Les archives du Rhône (2) contiennent, pour les années 1209 et 1220, deux titres originaux qui sont la répartition faite entre les chanoines des revenus de l'église

(1) De Coston, Origine, étymologie et signification des noms propres. Paris, Aubry, 1867, p. 286.

(2) Arm. Aaron, vol. Ier, pièce n° 4. — Ces titres sont reproduits par M. Guigue, dans son Obituaire (816 à 1144 après J.-C.) de l'Eglise de Lyon.

métropolitaine de Lyon : on y trouve avec les noms d'Uldric de Meximieux, de P. d'Ambronay, etc., un *Johanni Fabro*, Jean Favre, pour *viginti solidi*.

Ce Favre était bien évidemment de cette famille de Meximieux : les archevêques de Lyon y possédaient une villa; en mai 1220, Renaud de Forez attribue à Arod, sacristain, et à Arnaud, chamarier, les revenus de Briendas et de Meximieux : « Aroudo, sacriste et Arnaudo, « camerario, Briendas et Maximiacum. »

Cette indication devient plus qu'une simple présomption lorsqu'on rencontre dans le testament de Josserand (1118), que nous avons déjà cité, cette autre libéralité : « In redemptione quoque terrarum, quas Durannus Faber tenebat, dedit cxx solidos. »

Ces documents ne peuvent être infailliblement contrôlès quant à la descendance des Favre : nous les donnons néanmoins comme renseignements concluants, d'autant plus que l'existence de ces Favre va être, dès le milieu du xive siècle, authentiquement affirmée par les titres originaux existants aux archives municipales de Meximieux.

Nous trouvons (1) Etienne, Jean-François, Jean et Pierre Favre (les trois derniers probablement enfants du premier), vivants en 1380 en cette ville, où ils produisirent au terrier rédigé en faveur d'Antoine de Chalamont, seigneur de Meximieux, à la mort de Guillaume, son père, à qui, cette possession avait été inféodée depuis 1368.

Etienne Favre faisait partie des cinq conseillers élus, le 3 juin 1407, par les bourgeois de Meximieux, réunis devant la chapelle de Saint-Apollinaire : acte passé devant André Pignat, notaire ; parmi les habitants, étant devant

(1) Notes de M. Blanchon.

la chapelle de Saint-Apollinaire, qui concoururent à cette élection, se trouve Jean Favre.

En 1409, le même Etienne Favre fut témoin de la charte par laquelle Humbert de Maréchal, seigneur de Meximieux, permit aux habitants de cette ville la chasse des bêtes, à l'exception des perdrix, des lapins et des lièvres : « Item quod unusquisque possit venari pro libito « suæ voluntatis ad fora, excepta et reservata venatione « perdricum et coniculorum. »

Cet acte est passé devant la porte d'entrée de la ville, à Bouvens (Bouvagne), par les notaires André Pinat et Jean Guigon, présences de nobles Humbert Dupont, Jacques Raveyriat, Jean Donnat, de bonne mémoire, *bonæ memoriæ*, damoiseaux du dit seigneur, « domini genitoris nostri domicellis et *Stephano Fabri*, « Petro de Ruptà, Anthonio Lamberty, Johanne Chasey « et pluribus aliis testibus vocatis ad promissa et rogatis. « Die septima mensis novembris anno domini millesimo « quatercentesimo nono, ita est..... »

En 1420 Jean Favre était syndic et en 1422 procureur de la commune : en cette qualité, il jura d'observer et de faire observer les franchises (1) de la ville : acte reçu Benoit Prost, notaire public, le dernier juin de ladite année 1422.

François et Claude Favre habitaient, en 1445, suivant titres de l'époque, le lieu *des Forges*, d'où il n'est pas impossible que le nom soit venu à la famille, *Faber* se traduisant en français *forgeron*.

Gaspard Favre était notaire à Meximieux, suivant lettres données le 22 septembre 1445 par Humbert Vo-

(1) Accordées par Guichard VIII de Beaujeu, au mois de décembre 1309.

lueti, lieutenant de Jacques de la Baume, bailli de Bresse, pour obtenir copie d'un acte de champéage fait en 1325 entre Guichard de Beaujeu et les habitants.

Louis Favre était, en 1456, curé de Meximieux.

La filiation s'établit régulièrement depuis :

I. Humbert Favre, probablement son frère, châtelain de Pérouges.

A cette époque survint un événement mémorable dans les annales de l'antique cité, sur lequel nous insisterons quelque peu, car il fait le plus grand honneur au dévouement et à l'énergie du châtelain de Pérouges, Humbert Favre.

Le jeudi 27 août 1468, suivant un ancien Mémorial trouvé aux archives de Dijon (1), il reçut de messire de la Cueille, seigneur du Bourg Saint-Christophe, commandant de la ville de Bourg pour le comte de Savoie, d'avoir à faire bon guet et bonne garde nuit et jour, et de faire provision *de pudre pour le trait des pierres.*

Le dimanche, 30 du même mois, on fit crier le retrait pour toutes les châtellenies (c'est-à-dire l'ordre de faire rentrer tous les vassaux dans les maisons fortes et les châteaux pour les protéger de l'ennemi).

Le vendredi, 4 septembre, est élu pour la défense de la place de Péroges, Philippe ou Philibert de Moyria (2).

(1) Dufay, Mémorial de l'invasion de la Bresse et de la Dombes par les Dauphinois en 1468 et 1469, — publié dans le *Journal de l'Ain* du 1er février 1861.

(2) Ce Philippe de Moyria était fils de Guillaume de Moyria, chevalier, seigneur de Châtillon-de-Corneille, et d'Anthoinette de Bronna.— Voir la généalogie de cette famille dans l'Histoire de Bresse et Bugey, par Guichenon. Lyon, du Creux. 1650, p. 187.

Le vendredi, 9 du même mois, le sieur Robin de Pérouges, neveu d'Humbert Favre, arrive à Bourg porteur d'une commission délivrée par le seigneur de Bresse. L'impôt demandé par le châtelain de Pérouges est autorisé et on le prélèvera même sur les hommes d'église.

Le document, auquel nous empruntons ces détails, reste muet jusqu'en août 1469, époque à laquelle les hostilités menacent de reprendre une nouvelle vigueur ; on a vécu jusque là dans la crainte et l'inquiétude, mais il n'y a pas eu acte d'hostilité.

Ce jour-là, dimanche 7 août 1469, on envoie à Bourg, devant M. le gouverneur, Guionet Favre.

Le lundi 11 août est nommé à Pérouges comme capitaine, Antoine Langloys.

Le vendredi 9 septembre, Gaspard Favre, le seigneur de Maillat et Louis de Moyria, viennent solliciter le conseil du gouverneur de fournir des hommes de trait et de feu dans les places où ils commandent, vu l'insuffisance de la garnison ; ils rapportent les bruits qui circulent sur la prochaine invasion des Français : selon eux, on ne peut attendre davantage, ce que Dieu ne veuille !...

Samedi, 10 septembre. — Les nouvelles deviennent chaque jour plus alarmantes ; on charge un homme de confiance, noble Philibert de Moyria, commandant du château de Pérouges, l'un des plus près de Lyon, de chevaucher hors du pays pour s'assurer des dispositions de l'ennemi.

Le vendredi 16 septembre, on apprend que les gens du roi de France ont passé la Saône à la nuit et que les Bourbonnais courent dans le pays de Bresse, brûlant et saccageant tout.

Il n'y avait plus à en douter : la guerre etait déclarée ouvertement. En effet, le lendemain 17 septembre 1469, par ordre du roi de France, Louis XI, Jean, bâtard d'Armagnac, comte de Comminges, gouverneur du Dauphiné, entrait en Bresse à la tête d'une armée de 2,000 hommes (1). Il s'empara du bourg de Sathonay où les atrocités les plus horribles furent commises par ses soldats.

Le *Mémorial,* tenu par Jacquel Badel, rapporte ainsi la prise de Sathonay, à laquelle assistait de loin le commandant du château de Pérouges, chargé de chevaucher en reconnaissance des faits et gestes de l'ennemi :

Dimanche, 20. — Noble Philibert de Moyria s'est présenté au Conseil, vers les dix heures du matin, venant prendre des informations certaines sur la marche de l'ennemi. Il raconte que les gens d'armes du roi, passant par la porte de la Lanterne à Lyon, pour se jeter sur la Bresse, donnèrent l'assaut au château de Sathonay, il y a trois jours.

» Et durant l'assault vint, en grande haste, ung religieux de Lyon, qui dit à haulte voix : Olà, messieurs ! Olà ! cette place est mienne, car elle est à mon frère, de présent mort, et estre dites ces paroles, cessa l'assaut et ouït : Vive le Roi ! et sonner les cloches. Et depuis ne vit, ne ouït mot, et, pour ce, pense que la place fust rendue ou prinse.

« Interrogé où il étoit quand il vit et ouït ces choses,

(1) Voir dans M. de La Teysonnière, Recherches historiques sur le département de l'Ain, Bourg, Martin-Bottier, 1844, 5e vol., le récit de cette incursion qui ne dura que cinq semaines et fut marquée presque partout par la ruine et le pillage. Les hostilités cessèrent par un traité signé entre Louis XI et le duc de Bourgogne, le 14 octobre 1469. traité dans lequel furent compris le comte de Bresse et ses frères.

dit que au-dessus de la place, à deux traicts d'arbalète ou environ ; et de là voit les gens d'armes.

« Interrogé combien ils sont en nombre ? dit qu'il ne peut le savoir par raison des analées et montées qui sont là tout autour, bien sait-il qu'ils sont grand nombre de gens d'armes tant de pié que d'acheval. »

Loyes et le Bourg Saint-Christophe furent pris et saccagés : Meximieux se rendit et eut moins à souffrir. Mais il n'en fut pas de même du château de Gourdans, dans la commune de Saint-Jean-de-Niost, qui fut détruit de fond en comble.

Pérouges se crut plus forte : l'énergie et l'activité d'Humbert Favre, son châtelain, et du capitaine Langlois, amenèrent une résistance héroïque. La ville était solidement défendue par une enceinte murée garnie de grosses tours crénelées, dont l'une, au dire de Guichenon, avait été bâtie par les Romains à qui elle servait de fanal avec les autres tours qui étaient construites le long du Rhône, depuis Quirieu jusqu'à Montluel.

Les Pérogiens firent, pour se défendre, des travaux extraordinaires à leurs fortifications ; ils démolirent une église dédiée à saint Georges, qui était hors de la ville, et employèrent les matériaux à réparer les tours et les murs de leur cité.

Battus et repoussés, les Dauphinois se retirèrent humiliés.

Dans un ancien missel qui, avant 1790, se trouvait dans les archives de la sacristie de Pérouges, le souvenir de la belle résistance (1) des habitants était célébré par cette glorieuse mention :

(1) Philippe de Savoie, comte de Bresse, à qui Pérouges avait été inféodé dès 1460, accorda aux habitants, en récompense de leur courageuse résistance aux attaques qu'ils avaient eu à soutenir de la part

« Perogiæ Perogiarum ! Villa imprenabilis ! Coqui-
« nati Delphinati voluerunt prehendere illam et non
« potuerunt. Attamen emportaverunt portas, gonos
« cum serris et degringolaverunt cum illis.
« Diabolus emportet illos ! »

Les Perogiens avaient, à l'intérieur, muré leurs portes : les Dauphinois, pour faire croire à une victoire, emportèrent tout ce qui était demeuré en dehors. Pérouges, comme un éclatant démenti à la forfanterie dauphinoise, conserve, à titre de trophée, à la porte principale du côté de l'ouest, un vantail resté dissimulé dans la maçonnerie des nouvelles portes de pierre (1).

Répétons avec l'auteur de la patriotique citation latine que nous venons de rapporter : « Perogiæ Perogiarum ! Villa imprenabilis ! » et, en manière de conclusion, comme pour célébrer l'héroïsme d'Humbert Favre : « Diabolus emportet illos coquinatos ! »

Cet Humbert Favre, que sa qualité de châtelain a fait désigner *noble* (2) dans les anciens terriers, eut, selon toutes les probabilités, les enfants qui suivent :

1° Louis Favre, notaire à Meximieux, 1470, qui continue;

de leurs ennemis, l'exemption pendant vingt ans des droits de fouages, subsides, péages, gabelles et pontonnages, à charge, dit M. de La Teysonnière, d'employer une valeur équivalente à reconstruire l'église de Saint-Georges et à réparer leurs fortifications.

(1) Puisque l'auteur de la citation latine avoue que les Dauphinois emportèrent les portes de la ville, leurs gonds et leurs serrures, il est probable qu'elles avaient été toutes murées et que les vantaux des portes étaient restés en dehors des murs. — La Teysonnière, loc. cit.

(2) A ce titre il devait porter les armoiries pleines suivantes : d'argent à trois têtes de maures de sable tortillées d'argent, qui peuvent bien être celles existant à la voûte de la chapelle, à gauche du

2° Etienne Favre, consyndic de Meximieux avec Joachim de la Cua, lesquels comparurent, le 19 janvier 1503, devant noble Alexandre du Puis, *de Puteo*, châtelain de Gordans, qui consentit acte authentique pour reconnaître les habitants de cette ville exempts de payes, péages, leydes, tributs et autres charges dans le mandement de Gordans : le mandement de Gordans ressortissait alors de Marguerite d'Autriche, duchesse de Savoie, comtesse de Villars et de Beaugé, dame du pays de Bresse et de Gordans ;

3° André Favre, curé de Meximieux en 1479. Un ancien titre, aux archives de la Mairie, porte qu'il était en même temps curé de Bourg en Bresse, de Pérouges, de Charnoz et doyen de Château-Gaillard.

Le 8e juin de l'année 1500 (1), messire André Favre, curé de Meximieux, par acte reçu Etienne Trolliet, notaire à Pérouges, permit en son nom et au nom de ses successeurs à la cure de Meximieux, à égrège personne Joachim de la Cua, notaire et bourgeois dudit Meximieux, de bâtir en l'honneur de la bienheureuse et vierge Marie, une chapelle en l'église de Saint-Apollinaire, petite-fille, *filiola*, de l'église paroissiale de Saint-Jean-Baptiste, et d'y être inhumé lui, sa femme, ses enfants et leurs descendants. Il fut en outre autorisé à placer dans cette chapelle et du côté du cimetière, une porte fermée d'une serrure, dont la

chœur de l'église de Meximieux : comme elles ont été effacées en partie pendant la Révolution, nous ne pouvons formuler ici qu'une simple hypothèse, sur laquelle nous reviendrons plus tard.

(1) Notes de M. Blanchon.

garde, *custodia*, appartiendrait au curé ou à ses vicaires. Joachim de la Cua s'engagea, pour lui et les siens, à payer à perpétuité une rente annuelle de *sept sols viennois* pour l'entretien de l'église de Saint apollinaire. Le tout eut lieu en la maison dudit André Favre, présence de messire Louis Favre, curé de Pérouges, à qui il avait résigné cette cure, de noble Claude Adrillas, châtelain de Meximieux, de Claude Regnaud, de Jean de la Cua, de Claude de la Cua et de Claude Favre, ces trois derniers notaires.

Depuis plusieurs années, André Favre, curé de Meximieux, avait, par rapport à la jouissance de la cure de Bourg, de grands démêlés avec Arzimin Charvet, qui se portait aussi curé de Bourg, comme subrogé aux droits de Guillaume Minel, prêtre du diocèse de Verceil. Ce procès fut porté en Cour de Rome. Depuis 1492, Jean de Loriol (1), chanoine de Genève et de Vienne, protonotaire apostolique, abbé de Saint-Pons, évêque de Nice, était prieur commendataire de l'église de Brou : il fit bâtir dans l'église de Notre-Dame-de-Bourg le *Sancta Sanctorum*. Voyant que la jouissance de la cure de Bourg était un sujet de dispute, il promit au pape Jules II d'achever, à ses dépens, l'édifice qu'il avait entrepris dans l'église de Notre-Dame, si le prieuré de Brou et la cure étaient unis à ladite église : une bulle, datée à Rome des ides de mars 1505, le lui accorda (2).

(1) La Teysonnière, t. v. p. 91.

(2) Guichenon a inséré, p. 75 des Preuves de son Histoire de Bresse et de Bugey, cette bulle où ces discussions sont longuement expliquées.

De ce moment, André Favre cessa de s'intituler curé de Bourg : il mourut en 1509.

II. Louis Favre, notaire à Meximieux, eut pour fils : Claude qui suit.

III. Claude Favre, notaire à Meximieux dès 1500; de lui sont issus :

1° Antoine-Humbert Favre qui forme le degré suivant ;

2° Louis Favre (1), chanoine du chapitre de Saint-Apollinaire en 1521 : acte d'abergeage de l'eau de Longevans aux chanoines de Meximieux.

Messire Louis Favre, prêtre, fut, vers 1547, sur la poursuite du procureur du château, condamné par le juge d'office de Meximieux, à dix-huit livres d'amende avec vingt-huit autres habitants de Meximieux, dont Anthoyne Favre, pour s'être transportés et assemblés un certain jour en l'habitation de Claude Chalamont, *qu'ils disaient être pestiféré, avec insultes et menaces.*

Ce jugement n'eut point d'exécution.

En effet, une transaction intervint, le 18 mars 1547, au château de Meximieux, dans la chambre appelée de Beau-Regard, entre Charles de la Chambre, seigneur de Meximieux, en son nom et pour spectable et noble Philippe de la Chambre, seigneur de la Cueille, les syndics modernes de la ville, les conseillers coadjuteurs desdits syndics et les bourgeois, manants et habitants ; transaction par laquelle il fut renoncé tant à ladite pour-

(1) Notes de M. Blanchon.

suite qu'à quatre autres procès faits par le procureur du château ; bonne paix, union et tranquillité fut proclamée entre tous, et de nouvelles franchises furent octroyées par le seigneur.

Le 13 août 1556, Louis Favre approuva, avec les autres chanoines de Saint-Apollinaire, les statuts dressés par Antoine de la Chambre, doyen du chapitre et évêque de Belley.

Il vivait encore le 11 février 1568, jour auquel il assista, avec les onze autres chanoines de Meximieux, à un acte de vente que ces derniers consentirent, par acte reçu Vivier, notaire, à Jean Genevey et à honneste Fabe Béatrix, sa femme, de la maison de cure et dépendances, voisine de celles des acquéreurs : la cession fut accordée au prix de 300 livres en *escus d'or sols escus d'Itallie*, plus 24 livres pour les réparations de l'église Saint-Apollinaire.

Par son testament, dont la date nous est inconnue, il légua à son neveu Claude Favre, ses biens à Charnoz et 300 livres au chapitre de Saint-Apollinaire, pour messes à célébrer chaque semaine.

IV. Honorable Humbert Favre, bourgeois de Meximieux (1), eut pour enfants :

1° Claude Favre, qui suivra.

2° Marguerite Favre, épouse de Benoit Vernat,

(1) On trouve sur les registres paroissiaux de Meximieux un Anthoine Favre, qualifié en 1576 de notaire ducal : cet Anthoine Favre ou *Faure* était originaire de Cerdon.

marchand de Meximieux, lequel possédait cette antique maison bâtie sur la route de Genève, à la sortie de la ville, remarquable par son architecture, style de pure renaissance, et aussi par une statue de la Vierge que le propriétaire actuel conserve comme un précieux talisman de bonheur et de prospérité pour toute sa famille.

De leur mariage est né :

Charles Vernat, le 6 août 1560; ses parrains furent Charles de la Chambre, seigneur de Meximieux, et Michel de la Cua; ses marraines, Jeanne de Sermoyer et Claudine, fille de Philippe de la Chambre, seigneur de la Cueille.

Il servit avec distinction dans l'armée de Savoie : vers la fin de 1593, Emmanuel Ier, duc de Savoie, lui donna les lettres de noblesse et érigea en gentilhommière la maison de Meximieux sous le nom de Courteville.

Marié à Barbe de Belli, fille d'Anthoine de Belli, écuyer, seigneur de Cleysieu et de damoiselle de Gruffy en Savoie, il en eut :

A. Benoit Vernat, en 1590 (1).
B. Claudine Vernat, 1592 (2).
C. Jeanne-Philiberte Vernat, 1594 (3).

(1) Parrain, Benoît Vernat, ayeul de l'enfant; marraine, Claudine de Belly, femme de messire Paubert, président du souverain Sénat de Savoie.

(2) Parrain, noble Jean de Belly; marraine, noble Claudine de la Chambre.

(3) Parrain, Philibert de Coligny, baron de Vieu et seigneur de Creyssiat.

D. Louise Vernat, 1595 (1).
E. Hercules Vernat, 1599 (2).
F. Etienne Vernat, 1602 (3).
G. Antoine Vernat, 1604 (4).
H. Philippe Vernat, 1606 (5).

Ce Philippe Vernat possédait la maison située aux Sèves, aujourd'hui propriété de Pierre Moine : elle avait été érigée en fief en sa faveur sous le nom de Saint-Julien.

De son mariage avec Richarde de la Palu, il eut :

a. Catherine Vernat (6), baptisée à Meximieux le 5 avril 1606 : parrain, noble Laurent de Simiane, comte de Saint-Jean de Lyon ; marraine, damoyselle Ysabeau de Ballefin.

(1) Parrain, Joachim de Rye, marquis de Treffort, lieutenant général pour le duc de Savoie ; marraine, damoyselle Jeanne de Moyriat, dame de Versailleux.

(2) Parrain, noble Hercules de Lyobard, seigneur du Chatelard ; marraine, madame Favre, femme du jurisconsulte Antoine Favre.

(3) Parrain, noble Etienne de Rossillon, seigneur de Beau-Retour ; marraine, demoiselle Jacquemine Ray.

(4) Parrain, spectable Antoine Favre ; marraine, Lucresse Favre fille à Antoine Favre.

(5) Parrain, noble Philibert Vernat ; marraines, Marguerite Lambroyse et Christiane...

(6) M. Dépery, dans son Histoire hagiologique du diocèse de Belley, Bourg, Bottier, 1836, t. II., p. 295, a écrit la vie de Louise-Catherine Vernat, supérieure de la Visitation des Chaînes, près de Serin, à Lyon, morte le 10 mai 1689. — Sa vie édifiante avait déjà été imprimée sous le titre : Récit de la vie de la vénérable mère Louise-Catherine Vernat, supérieure, etc. Lyon, 1690, in-18.

Philippe Vernat avait épousé, vers la fin de 1623, Etiennette Liévra, qui lui donna pour enfants ;

b. Benjamin Vernat en 1624.

c. Catherine Vernat, 1626, mariée en 1648 à Benoit Biard de Crans.

Guichenon donne encore pour fille à Charles de Vernat et à Barbe de Belly :

I. Renée Vernat, femme de Thomas Deschamps, écuyer, seigneur de la Côte, fils de Thomas Deschamps, seigneur du Tremblay, gentilhomme ordinaire de la maison du roy et de Jeanne Charreton de la Terrière.

On trouve encore, à la même époque, un André Favre, châtelain de Meximieux qui, sur la requête des chanoines, reçut le 5 juin 1676, de la Cour de Chambéry, ordre d'informer relativement au paiement des dîmes contre Claude Favre, André de la Cua, François Bernard et Benoit Vernat, tous quatre principaux bourgeois de Meximieux. Cet André Favre était probablement fils d'Anthoyne Favre, notaire ducal, qui paraît originaire de Cerdon.

V. Claude Favre, bourgeois de Meximieux, conseiller de ville en 1569, lequel habitait une maison démolie actuellement pour faire place aux logements des sieurs Bonnefoi et Rodet.

Il épousa Jacquemine Guinet, fille d'honorable Jean-Alexandre Guinet (1), riche bourgeois de Lagnieu :

(1) Famille anoblie plus tard, dont était Guillaume Guinet, sieur de

Jacquemine Guinet, dénommée plus communément Jaquième, assista le 10 janvier 1588 au mariage qui « fust administré *devant la porte* de l'église collégiale Sainct-Apollinar de Meximieux, à noble Anthoyne-Jean Befidi, seigneur du Biard de la paroisse de Chalamont et à damoyselle Claudine, fille de honorable Benoit Vernat, bourgeois de Meximieux. »

Claude Favre eut de son mariage précité :

1° Claude-Tonine Favre, en 1558 ;

2° Jean Favre, le 25 juin 1560 ;

3° Benoîte Favre (1), mariée à Anthoine Favre, à Chambéry; leur postérité sera rapportée en la filiation des Favre de Savoie, qui suivra.

On trouve dans un terrier rédigé en 1595 par Jacquet et Bolliet, commissaires à ce, en faveur de Jeanne de Gorrevod, veuve de Philippe de la Chambre, seigneur de Meximieux et de la Cueille, plusieurs pièces de terre appartenantes à Benoiste Favre, et reconnues comme devant servis par son mari Anthoine Favre le sénateur.

Montvert, pourvu à l'office de procureur du roi au bailliage de Belley, le 22 juillet 1620. — Lors de l'assemblée de la noblesse du Bugey et pays de Gex, le 28 août 1745, M. Antoine Guinet de Montvert produisit, comme titre de noblesse, les lettres de secrétaire du roi au Parlement de Grenoble, accordées à son père Antoine Guinet. — J. Baux. Bugey et pays de Gex. Bourg, Martin-Bottier, 1864, p. 249.

(1) La Chesnaye des Bois, Dict. de la noblesse, contient une notice généalogique d'Antoine Favre et de ses enfants seulement. Il dit qu'Antoine épousa Benoîte Favre, *du même nom, mais d'une autre famille que lui* ; nous rectifions : d'une famille dont la sienne descendait, ainsi que nous le démontrerons à l'article des Favre de Savoie.

LES FAVRE DE SAVOIE.

Ils portaient pour armoiries, d'après Guichenon, qui leur a consacré un long article en son Histoire de Bresse et Bugey : d'argent au chevron d'azur, accompagné de trois têtes de Maures, liées ou tortillées d'argent, deux en chef et une en pointe.

Devise : FERMETÉ.

Ces armoiries sont *parlantes*, avec le nom de Favre, qui dérive du latin *Faber*, ouvrier, spécialement (1) celui qui travaille les métaux, c'est-à-dire *forgeron*.

On trouve en 1415, nous l'avons dit, dans un acte notarié que les frères François et Claude Favre, de Meximieux, avaient leurs maisons en un lieu appelé *les For-*

(1) Origines des armoiries et des noms propres, loco cit. — Ferrarius, forgeron, d'après le Glossaire de Ducange.

« Il n'est pas dans la nature de l'homme d'appliquer à la chose dont il s'occupe des sons qui ne réveillent aucune impression dans sa mémoire, aucune idée dans son esprit.... » — Salverte Essai historique sur les noms. 1824, t. I, p. 27.

ges : lors de leur anoblissement, les Favre prirent des têtes de Maures en souvenir de leurs ancêtres *forgerons,* dont le métier avait plus d'une fois noirci le visage.

L'origine et la signification de ces armoiries est une preuve de plus à l'appui de l'opinion que les Favre de Savoie descendent de la souche primitive signalée à Meximieux par l'existence de Durand Favre, vers 1118, de Jean Favre, en 1209 et 1220, de Jean, Jean-François, Etienne et Pierre Favre, en 1380.

Claude Bigotier, professeur ès-bonnes lettres à Lyon, a publié un poème latin intitulé : *Rapina seu Raporum Encomium,* qui est la louange de Bresse et des Bressans, imprimé à Lyon en 1540, où il célèbre ceux qui vivaient de son temps : nos Favre y sont rappelés dans ces vers élogieux avec les sieurs du Renon et Claude Combet, avocats distingués du temps :

> Quo sermone graves præstanti corpore *Fabros?*
> *Renonumque* decus vitæ centumque Lycurgi,
> Pectora *Combetosque* simul, frugique *Joubertum?*
> Quales nempè viros memori dùm pectore volvo :
> Dum cupis dignas calamo *perstringere* LAUDES ;
> Deficit ingenium, torpescunt frigore sensus ;
> Hactenùs ille.

Ce poème se ressent quelque peu de la rudesse du siècle, mais il n'en est pas moins un témoignage authentique de la considération dont jouissait, dès cette époque, la famille Favre, placée parmi les *Bressans illustres* par le poète de Treffort.

Ajoutons-y le jugement de Guichenon (1) : « Nous avons plusieurs familles en Bresse et Bugey, qui se sont

(1) Hist. de Bresse et Bugey, p. 160.

rendues illustres par les lettres à cause des hommes doctes qu'elles ont produit; mais il n'y en a point, ce semble, qui ne le doive céder à celle-cy; car, outre qu'elle nous a donné de grands personnages, c'est qu'il y a plus de deux cents ans qu'elle s'est maintenue dans les principaux offices de la Province, de père à filz, chose rare et singulière, et, si j'ose dire, sans exemple du moins dans ce pays. »

Le même auteur (1) a rapporté la filiation de l'illustre famille des Favre de Savoie, depuis Antoine Favre, secrétaire de Bonne, duchesse de Bourbon, vivant en 1395 : mais Amédée VI, dit le Comte Verd, était depuis 1354 seigneur de Meximieux (2); il est de toute vraisemblance qu'ayant pris dans cette ville pour secrétaire cet Antoine Favre, il l'a, en quittant le château inféodé à Guillaume de Chalamont, en 1368 (3), emmené en Savoie, où Antoine a fait souche d'une nouvelle famille que les historiens ont plus tard séparée de la première; cette dernière vivait modestement en dehors des priviléges de noblesse accordés libéralement aux successeurs d'Antoine.

C'est par ce dernier qu'avec Guichenon, historien toujours exact et consciencieux, nous commencerons la filiation :

(1) Guichenon, Histoire de la souveraineté de Dombes, publiée par M.-C. Guigue. Lyon. A. Brun, 1863, t. II, p. 178.

(2) Guigue, Fiefs et paroisses de l'arrondissement de Trévoux. Lyon, A. Brun, 1863, p. 159, verbo Meximieux : Meximieux resta possédé par les dauphins de Viennois jusqu'au 5 janvier 1354, qu'il fut remis, en échange d'autres terres, par le roi Jean et Charles, son fils aîné, à Amé V, comte de Savoie, qui l'inféoda, le 10 octobre 1368, à Guillaume de Chalamont, chevalier. — Voir aussi Guichenon.

(3) Acte de vente du 10 octobre 1368, moyennant 4000 florins d'or. bon poids. — Guichenon, Preuves de l'hist. de Bresse. p. 111.

I. Antoine Favre vivait vers 1380 : il était secrétaire de Bonne de Bourbon, femme d'Amédée VI, dit le Comte Verd, régent du duché de Savoie, et de son petit-fils Amédée VIII, pendant sa minorité.

Il mourut en 1425, laissant le fils qui suit :

Guyonnet Favre, qui forme le deuxième degré.

Guichenon mentionne en sa généalogie (1) des sires de Beaujeu, seigneurs des Dombes, un Jean Faure, procureur général de Bresse, parmi les députés de la conférence réunie à Vimy le 19e aoust 1425, pour conférer des différends de juridiction qui s'étaient élevés entre les officiers du bailliage de Bresse et ceux de Jean, duc de Bourbon, seigneur de Dombes.

Les commissaires députés par Amé VIII furent :

Hugonin, seigneur de Chandée, bailli de Bresse,
Humbert Maréchal, seigneur de Meximieux,
Jacques de Loriol, juge de Bresse,
Le Vaudrin, seigneur de Grangeac et de Chasey,
Guillaume, seigneur de Genot,
Claude Martin et Geoffray Guyot, docteurs ès lois,
Et Jean *Faure*, procureur général de Bresse.

Cette conférence n'ayant point abouti, il y eut une seconde réunion au même lieu de Vimy, au mois de mai 1428 : Pierre de Belly y assiste comme procureur de Bresse, sans doute au lieu et place de Jean Favre, qui avait cessé ses fonctions.

Ce dernier était vraisemblablement fils d'Antoine Favre et par conséquent frère de Guyonnet qui va suivre; quoiqu'il ait été omis dans la généalogie dressée par Guichenon, nous croyons devoir le rappeler ici.

(1) Histoire de Dombes, livre IV, p. 258.

II. Guyonnet Favre, secrétaire de Louis, duc de Savoie, procureur général de Piémont, par lettres de ce prince datées de Chambéry, le 18 de mars 1457, et du pays de Bresse par provisions d'Amé, duc de Savoie, dit le Bienheureux, datées à Châlons, le 27 août 1468.

C'est lui qui, quelque temps avant le siége de Pérouges, fut envoyé à Bourg par les habitants pour prendre avis du gouverneur de Bresse.

Il est père de :

III. Gaspard Favre, encore cité au même document comme dépêché, le 9 septembre 1468, pour solliciter un secours d'*hommes de trait et de feu* pour cette place.

Il fut retenu comme l'un des secrétaires ordinaires du même duc Amé IX, le 15 décembre 1470, et depuis pourvu à la charge de lieutenant-général au bailliage de Bresse.

Il fut chargé en 1445 (1), avec Pierre Joly, notaire curial de Pérouges, Benoît Prost et Joffred de Curtillat, notaires à Meximieux, de rechercher dans les protocoles du notaire Dutacci, nouvellement décédé, l'acte de transaction passée en 1325 entre Guichard de Beaujeu, seigneur de Meximieux, et les habitants, relativement au pâturage du second foin des prairies de Rossane et de la Culle.

De son mariage avec demoiselle de Curtillat, fille très-vraisemblablement du notaire de Meximieux, sont issus quatre enfants :

1° Antoine, qui continue.

2° Louis Favre, secrétaire de Louis, duc de Savoie,

(1) Notes de M. Blanchon.

et de Marguerite d'Autriche, duchesse de Savoie, puis procureur général du conseil de Bresse, le 11 mai 1512.

3° Guillaume Favre, écuyer, père de :

Etienne Favre, qui se retira au mandement d'Albon en Dauphiné où il fit branche. Quoiqu'il ne soit pas mentionné par Guichenon, il est à peu près certain qu'il était bien fils de Gaspard Favre ci-dessus.

Chorier (1) rapporte qu'Armand Favre, son fils, mérita par sa bravoure, lors de la prise de Du Puy Montbrun (2), en 1574, des lettres de confirmation de noblesse.

Son fils, Antoine Favre, né à Anneyron (Drôme), fut professeur de droit à l'Université de Valence : « Il ne s'appliqua pas seulement, dit Chorier, à l'étude de la jurisprudence en laquelle nul de son temps ne le surpassa. Il n'excella pas moins dans la connaissance des médailles, dans les mathématiques et dans l'astrologie..... Il mourut l'an 1626. »

On a de lui les ouvrages suivants (3) :

I. *Introductio in theoricam et praxim beneficiorum ecclesiasticorum*, *Turnoni*, *1616*.

(1) Estat politique de la province du Dauphiné. Grenoble, Philippes, 3e vol.

(2) Célèbre chef militaire des protestants du Dauphiné : il fut pris, en 1574, par un gentilhomme catholique son parent, François du Puy Rochefort ; il eut la tête tranchée le 13 aout 1575. Sa mémoire fut définitivement réhabilitée en 1648. — Rochas, biographie du Dauphiné, Paris, Charavay, 1856.

(3) Biographie du Dauphiné, verbo Faure des Blains.

II. *Institutiones seu rudimenta juris canonici, Valentiæ, 1660.*

Guy Allard (1) dit qu'il laissa en manuscrit un livre des *Diocèses de France.*

D'après Chorier (loc. cit.), « il reste de lui des ouvrages touchant l'histoire, et même concernant celle du Valentinois, qui n'ont pas esté mis en lumière. »

Il laissa deux fils :

1° Pierre Favre, seigneur des Blains, qui continua.

2° Jacques Favre des Blains, religieux dominicain, prieur de son ordre à Angers, en 1647, puis à Grenoble, en 1680.

Guy Allard dit qu'il composa « un petit livre de piété touchant le rosaire de la sainte Vierge. »

Cette famille paraît s'être éteinte (2) entièrement dans le courant du siècle précédent. Elle brisait les armoiries des Favre de Savoie d'un chevron d'*argent*, c'est-à-dire par un simple changement de l'émail du chevron qui était primitivement d'*azur* et portait : d'azur au chevron d'argent accompagné de trois têtes de Maures de sable tortillées du même.

Un Mss, de Guy Allard blasonne par erreur : d'azur à trois têtes de Maures de sable 2 et 1, au chef cousu de gueules chargé d'un lion passant

(1) Célèbre historien et généalogiste, né à Grenoble, le 16 octobre 1635.

(2) G. de Rivoire de la Batie. Armorial du Dauphiné. Lyon, A Brun, 1867.

d'or : nouvelle brisure par *le chef* des armoiries des Favre de Savoie.

IV. Antoine Favre, conseiller spécial et ordinaire de Son Altesse de Savoie le 29 août 1496, et lieutenant-général au bailliage de Bresse le 14 mai 1500 (1). Il fut arbitre l'an 1504 pour Philibert duc de Savoie, d'un différend que ce prince avait avec Etienne Lonvic, évêque de Mâcon.

Il eut de Françoise Pelletrat, fille de Philippe Pelletrat (2), secrétaire de S. A. de Savoie, les enfants qui suivent :

1° Benoit Favre, mentionné après ses frères.

2° Jean Favre, conseiller et secrétaire du duc de Savoie, qui testa le 26 de juillet 1528 et ne laissa point lignée de Louise de Damianis, sa femme : ses héritiers audit testament furent ses deux frères ci-après :

3° Pierre Favre, écuyer.

4° Philippe Favre, écuyer.

(1) Humbert Ferrand. Le Bien Public par le fait de la justice, par René Favre. Lyon, Scheuring, 1867. Cet ouvrage contient une notice sur René Favre de la Valbonne, où l'on trouve les plus utiles renseignements sur la famille Favre : nous en avons usé largement.

Le duc Philibert de Savoie déclara qu'il conférait cet office à Antoine Favre pour tâcher de récompenser de quelque manière ses vertus, sa fidélité et les services qu'il avait rendus.

(2) Les Pelletrat étaient connus à Treffort depuis Jehan Pelletrat qui alla à la croisade de 1147 avec Didier de la Balme. Ils furent anoblis par lettres datées de Genève, le 7 mars 1117, en la personne de Jean Pelletrat, bourgeois de Treffort. — Mss. de Guichenon, à la bibliothèque de la Faculté de médecine de Montpellier. Gén. des Pelletrat.

V. Benoit Favre, lieutenant-général au bailliage de Bresse, par lettres du 8 mars 1527, si estimé pour sa grande doctrine et sa rare probité que Marguerite d'Autriche, duchesse douairière de Savoie et comtesse de Bresse et Gourdans, le choisit pour son conseiller ordinaire en ses affaires, et lui envoya de Malines ses provisions à la charge de lieutenant-général du pays de Bresse, dont elle jouissait pour son douaire.

Henry de Bout, *de Bottis* (1), official de Bresse, lui dédia son livre *De synodo episcopi et statutis episcopi synodalibus*, Lyon 1529, ouvrage remarquable pour le temps en ce qui concerne le droit canon.

Benoit Favre mourut en 1535. Frère Antoine du Saix (2), commandeur de Bourg et abbé de Chézery, lui a fait une épitaphe en vers latins imprimée dans son *Marquetis de pièces diverses* : elle est rapportée par Guichenon.

De son mariage avec Claudine de Monspey, fille de Jean de Monspey (3), écuyer, seigneur de Luysandre et de Philiberte de Liobard sont issus :

1° Louis Favre.

2° Philibert, qui continue.

3° Pernette Favre.

(1) Fameux jurisconsulte, official de Bresse et de Bugey au diocèse de Bourg, né à Beynost, près Montluel, m. vers 1544.

(2) Antoine du Saix, né à Péronnas, près Bourg, en 1515, a laissé plusieurs ouvrages très-recherchés et curieux à raison de leur rareté : témoin son BLASON DE L'ÉGLISE DE BROU.

(3) Lachesnaye des Bois, qui rapporte la généalogie complète de l'antique maison de Monspey, remontant à Geoffroy, établie en Bresse, en 1309, ne mentionne pas cette Claudine de Monspey que Guichenon rapporte comme fille du second mariage de Jean de Monspey, écuyer, sieur de Luysandre, d'une famille qui remonte à Anthoine, seigneur de la Tour de Replonge, vivant en 1380.

VI. Philibert Favre, conseiller, avocat fiscal de Bresse par lettres patentes du 15 octobre 1571, mort en 1584, laissant, de son union avec Bonne de Châtillon (1), fille d'Antoine de Châtillon, seigneur de la Poype, juge ordinaire de Meximieux en 1551, et de Catherine de Gorrevod, six enfants (2) :

1° Antoine Favre, dont l'article suivra.

2° Jean-François Favre, sieur du Colombier (3) lequel eut de son mariage avec Claudine Bergier :

Antoine-Bernard Favre, vivant écuyer, sieur du Colombier, marié à Louise Duboys, fille de Jean Duboys, seigneur de la Servette : d'où :

A. Albert Favre, écuyer, sieur du Colombier, marié à Marie Passin, mort avant 1680.

B. Louise Favre.

Les rôles des privilégiés de noblesse de Bresse pour 1784 mentionnent M. Favre pour le fief du Colombier et M. Favre de Longris pour ce qu'il possède à Bourg, Viriat et Péronnas.

3° Jean-Antoine Favre, docteur en théologie, grand-vicaire de l'Evêché de Maurienne , chantre de

(1) Bonne de Châtillon s'était alliée aux plus grandes familles de Bresse, de Savoie et de Bourgogne..... Elle avait même l'honneur d'appartenir à des princes ; mais elle fut surtout distinguée par l'éclat de ses vertus. — Taisand. Vie des plus célèbres jurisconsultes, p. 188.

(2) Les registres du sénat de Savoie ont conservé la preuve de cette filiation dans un acte de notoriété, du 13 juillet 1767. — Humbert Ferrand, p. 2, note.

(3) Voir sur les fiefs du Colombier et de Longris, les aveux cités par M. Baux, Bresse, p. 47.

l'église de Saint-Pierre de Genève, official de Bresse.

4° Antoine Favre, écuyer, seigneur des Blanchières et de Longris, lequel épousa en premières noces Marguerite Bachet, fille de Jean Bachet (1), écuyer, seigneur de Meysériat et de Vauluysant, et de Marie-Françoise de Chavanne, dont il eut :

A. Charlotte Favre.

B. Jacqueline Favre, religieuse à Sainte-Marie-de-Saint-Amour, en Franche-Comté, puis supérieure à Sainte-Marie-de-Montluel, en Bresse.

C. Claude-Gaspard Favre, religieux de la Société de Jésus.

D. Antoine Favre, écuyer, seigneur des Blanchières et de Longris, mort en l'arrière-ban de Bresse, à Nancy, l'an 1663, sans avoir été marié.

En secondes noces, Antoine Favre s'était marié à Claude de Morel, fille de François de Morel, écuyer, seigneur de Vire-Châtel en Bourgogne, et de Claudine d'Ugnie de la Chaux, d'elle il eut :

E. Etienne Favre, écuyer, seigneur de Longris, conseiller au bailliage de Bresse et siége présidial de Bourg (2), marié d'abord à Mlle Moyroud, dont :

(1) Guichenon a donné la généalogie de cette famille qui a donné dans Pierre et Jean Bachet des jurisconsultes distingués.—Mr Depery a consacré, dans sa biographie de l'Ain, une notice à ces deux personnages, auxquels il faut ajouter Claude Gaspard de Bachet, auteur de plusieurs ouvrages intéressants.

(2) L. de provisions du 5 février 1642 ; Etienne Favre résigna le 14 août 1651 en faveur de François Tardy.

A. Joseph Favre de Longris.

B. Jacques Favre.

Et ensuite à Hélène de Grisy, d'où :

C. Nicolas-François Favre, écuyer, marié à Thérèse Pellot, laquelle était veuve de lui en 1739.

Les Favre de Longris comparurent à toutes les assemblées de la noblesse de Bresse, du 17 octobre 1656 au 23 mars 1789, époque à laquelle ils étaient représentés par :

1° Marie-Joseph-François-Philibert Favre de Longris pour la Bresse.

2° Marie-Joseph-Claude-François Favre de Longris, seigneur du Colombier, pour la Dombes.

VI. Antoine Favre, chevalier, né à Bourg-en-Bresse (1) le 4 octobre 1557, deux ans avant que la Bresse fît de nouveau partie des Etats du duc de Savoie, l'un des personnages les plus illustres de son siècle par sa rare et grande doctrine (2).

Elevé à Paris par les Pères de la Société de Jésus, il avait si bien approfondi le grec et le latin, qu'au dire du célèbre professeur de droit canon, Anastase Germonio, il s'en servait comme de sa langue maternelle, au point que, faisant à Turin son cours de droit, il

(1) Bourg était alors en Savoie : les provinces de Bresse, Bugey et pays de Gex furent réunies à la France par traité signé à Lyon, le 17 janvier 1601, en échange du marquisat de Saluces. — V. J. Baux, Hist. de la réunion de la Bresse à la France. Bourg, Millet-Bottier, 1852.

(2) Voir l'Eloge historique d'Antoine Favre, par le sénateur Avet, Chambéry, Routin, 1824.

transcrivait en latin la leçon du professeur et tout à la fois la dictait en grec (1) : il consacrait alors à l'étude jusqu'à seize heures par jour.

Docteur à l'âge de 32 ans, il fut reçu avocat au Sénat de Savoie et conçut alors le plan de ses grands ouvrages de droit qui ont assuré à son nom une si sérieuse illustration, en raison surtout des violentes critiques qu'ils subirent de la part de ses contemporains. Il les menait de front pour ainsi dire, et ne les publiait qu'en parties détachées, se flattant qu'ils opéreraient une espèce de révolution dans la jurisprudence, et que son plan étant une fois bien connu, d'autres jurisconsultes pourraient continuer et achever ceux de ses livres qu'il n'aurait pu terminer.

En 1580, il composa les trois premiers livres *Conjecturarum juris civilis*, dans lesquels, sous le titre modeste de *Conjectures de droit civil*, il développa une connaissance approfondie des lois romaines ; cette publication émérite fit dire à Cujas, l'illustre jurisconsulte toulousain : « Ce jeune homme a du sang dans les ongles ; s'il vit âge d'homme, il fera du bruit. »

Son immense et précoce savoir ne tarda pas à fixer sur lui le regard bienveillant de Charles-Emmanuel, duc de Savoie, lequel, par une dérogation spéciale, attendu qu'il n'avait pas encore l'âge de 30 ans exigé, le nomma, le 3 novembre 1584, juge-mage de Bresse, qualité qu'il a prise dans l'acte de baptême de son fils Claude rapporté au commencement de cette notice : il exerça pendant trois ans cette charge de judicature.

Il venait, lors de sa nomination, d'épouser Benoîte Favre, en laquelle s'éteignaient les Favre de Mexi-

(1) Humbert Ferrand, p. 7.

mieux. Elle était fille de Claude Favre et de Jacquemine Guinet et apportait en dot, par son contrat de mariage reçu Burgas notaire à Loyes, une certaine étendue de terrain à Meximieux, sur lequel le futur devait construire quelques années plus tard un petit manoir, dont une tour carrée subsistait encore en 1830 : il est fâcheux que des réparations inintelligentes aient enlevé ce précieux reste de la maison où naquit son fils Claude Favre de Vaugelas : mais il est juste d'ajouter que le propriétaire, plus heureusement inspiré cette fois, vient récemment d'y faire sceller une plaque en marbre noir commémorative de ce grand évènement.

Le 20 juillet 1587, Antoine Favre obtint l'honneur de siéger au Sénat de Savoie, illustre Compagnie qui sut, par la permanence de ses doctrines et la vigueur de ses remontrances, retenir souvent la direction et toujours le contrôle des affaires intérieures du pays. Elle n'avait point de palais : les premières audiences furent tenues dans la maison du président Catherin Pobel, maison revendue à Antoine Favre.

Le 25 septembre suivant, il acquit (1) la seigneurie de Pérouges d'Humberte du Saix, Veuve d'Antoine Cadenet, seigneur de Chazelle : le nouveau propriétaire s'empressa de se qualifier baron de Pérouges. Cette possession allait lui être vainement contestée : on trouve que noble et spectable seigneur Antoine Favre, conseiller de S. A. le duc de Savoie, fut en procès avec Louise de la Chambre, veuve de Mre Georges de Moussy, comte de Montréal, laquelle prétendait que la baronnie de Pérouges lui appartenait, du chef de son mari, de la succession de Louis Odinet, comte de Montréal, baron de Montfort et de Pérouges.

(1) Guigue. Fiefs de l'arrondissement de Trévoux, verbo Pérouges.

Le 20 janvier 1588, noble et spectable Antoine Favre, conseiller de Son Altesse le duc de Savoie et sénateur au Sénat de Savoie, fut député pour installer, en la charge de juge-mage de Bresse, Jean Ribod.

Ces fonctions de juge-mage ou lieutenant au bailliage de Bresse « étoient de très-grande considération ; car, outre qu'elles étoient ordinairement remplies de personnages de grande érudition, c'est qu'elles exemptoient de [toutes tailles et charges, ce qui est cause qu'elles ont fait fondement de noblesse de beaucoup de familles de la province... (1). »

M. Philibert Le Duc, dans ses *Papiers curieux d'une famille de Bresse* (2), rapporte le volumineux inventaire qui fut dressé par le chatelain de Bourg, le 31 mai 1588, après la mort de Jean Ribod, juge-mage de Bresse, dont les Lettres sont rapportées ainsi qu'il suit :

« *Item* les lettres d'institution d'estat de juge-maje de Bresse concédèes par Son Altesse au dict feu sieur Ribod, donnèes à Turin, le premier décembre mil huit centz huictante-sept, signèes CHARLES EMMANUEL et plus bas, *La Creste Carrorio*, scellèes en cire rouge à cue (3) pendant, avec l'institution de ses gaiges de quattres centz soixante-huict livres (4) tous les ans donnèes au dict lieu le mesme jour signèes comme dessus et scellèes en placard avec les arrestz d'interrinement d'icelles au souverain Sénat de Savoye et

(1) Guichenon, chap. XVII, *De la Justice*.

(2) Brochure imprimée en 1862, à Nantua, Aug. Arène.

(3) Queue.

(4) M. Ph. Le Duc a calculé que ces 468 livres de gages constituaient un revenu qui équivaudrait aujourd'hui à 1,975 fr. 74 c. — *Loc. cit.* p. 28.

souveraine Chambre des Comptes céans à Chambéry, celluy du Sénat datté du huictiesme janvier mil cinq centz huictante-huict, signé *Poncet* et *Petit* ; celluy de la Chambre du dict douziesme janvier, signées *Vallur d'Esperny*, scellées en cire rouge, avec l'acte de *mize en possession audict estat faicte par noble et spectable sieur Antoine* Favre, *conseiller de sa dicte Altesse et sénateur au dict Sénat, commissaire à ce député* du vingtiesme janvier, signé Favre et *Bochard* ; le tout joinct ensemble et mis dans une boitte en fert de tolle blanche. »

M. Ph. Le Duc avance que Jean Ribod pouvait bien devoir la faveur de cette nomination à la puissante intervention d'Antoine Favre, son allié, attendu que Vincent Favre, *grand oncle* du célèbre jurisconsulte, avait épousé son aïeule Péronette Riboudi, ainsi que le témoigne le passage suivant du testament de cette dernière de l'an 1526 : « Hœredes suos universales sibi facit et instituit oreque suo proprio nominat et esse vult pleno jure spectabilem dominum *Vincentium Fabri utriusque juris doctorem, ejus virum carissimum* et egregium Urbanum Riboudi ejus filium carissimum... »

Nous n'avons aucun autre renseignement sur ce Vincent Favre, que Guichenon ne cite point dans sa généalogie des Favre : cette omission est singulière puisqu'il s'agit d'un personnage d'une certaine notoriété, docteur en droit civil et droit canon, dont l'existence n'est guère éloignée de l'époque où Guichenon, né en 1607, publiait ses travaux sur les familles de Bresse.

Il est vrai qu'il ne mentionne pas cette famille ancienne des Ribod, dont il n'indique pas même les armoiries dons son *Indice Armorial*, et cependant on trouve dans les *Papiers curieux* que nous avons cités, un titre qui attribue, dès 1303, le titre qualificatif de noblesse, *Miles*, à Philippe Riboud : « *dominus Philippus Riboudi Miles* et domina Ysabella ejus uxor... » Cette famille, qui s'est perpétuée jusqu'à nos jours, était, au commencement du XIXe siècle (1), divisée en trois branches, dont l'une habitait Bourg, l'autre Montluel et la troisième Pont-d'Ain.

La branche de *noble* Péronette Riboudi s'était arrêtée à *noble et spectable Jean Ribod*, marié en premières noces à *Heleyne Oucret*, dont il eut Claudine, et en secondes à *Jeane Mouton*, qui lui donna Philiberte.

Les armes des Riboud, enregistrées le 1er août 1697, par Hozier, étaient : d'azur à la croix pattée et alaizée d'argent posée en cœur, deux étoiles d'or en chef et un cœur de mesmes en pointe. — Reg. 1er, art. 222.

Quoi qu'il en soit, l'existence de ce Vincent Favre *doctor utriusque juris*, important peu à l'histoire qui nous occupe, nous continuons l'article d'Antoine Favre.

Il siégeait depuis huit ans au Sénat lorsque le duc de Nemours, prince de la maison de Savoie, l'appela à la Présidence du Genevois (2); ce fut pour lui l'occasion

(1) Ph. Le Duc, p. 61. — Cette famille a produit, outre le juge-mage dont nous venons de parler, deux syndics généraux de Bresse au XVIIIe siècle, dont l'un maire de Bourg pendant vingt ans, un membre de l'Election, auteur de *Notes* manuscrites *sur les paroisses de Bresse*, et d'un *Abrégé*, aussi manuscrit, *de l'histoire de Savoie*; enfin, un subdélégué de Bresse, Thomas Riboud, auteur de nombreux ouvrages sur la province, qui devint, au XIXe siècle, membre de l'Institut et président à la Cour de Lyon.

(2) Lettres-patentes du 24 décembre 1596.

de se lier avec François de Sales reçu sous ses auspices avocat au Sénat de Chambéry : les lettres du saint évêque de Genève consacrent, par de nombreux témoignages, la vertu sincère et éclairée de Favre qu'il se plaisait à appeler *son frère, son frère très-doux et très-tendre*.

Tous deux furent les promoteurs de l'*AcadémieFlorimontane* créée à Annecy vingt-neuf ans avant l'Académie française.

Elle avait pour emblèmes un oranger chargé de fruits et de fleurs. Saint François de Sales a lui-même tracé en ces termes le but de la société : *Finis Academiæ virtutum omnium exercitium esto, suprema Dei gloria sereniss. principum obsequium et utilitas publica*, c'est-à-dire la gloire de Dieu et le service des princes, et puis le bien public qui, dans cette belle âme, se confondait avec l'amour de Dieu et le respect du Prince. Au départ d'Antoine Favre, en 1610, l'Académie ralentit ses réunions : la mort de l'évêque, en 1622, lui causa un dernier préjudice, si toutefois à cette époque elle existait encore (1).

Le grand mérite du président du Genevois le fit choisir pour accompagner, avec François de Sales, le cardinal Maurice de Savoie, chargé des négociations du mariage de Christine de France avec le prince de Piémont Victor-Amédée, mariage qui eut lieu le 11 janvier 1619 : les trois députés « firent, dit Guichenon, paroistre en cette occurrence comme en toutes autres occasions les merveilles de leurs génies, c'est en ce voyage qu'Anthoine Favre receut de si grands honneurs du Parlement de Paris et de tous les hommes

(1) SAINTE-BEUVE. *Hist. de Port-Royal*. Paris. 1867. vol. 1. p. 270.

doctes, pour comble desquels je ne puis laisser en arrière celuy qu'il reçeut du roi Louys le Juste; car quand il salua Sa Majesté, elle demanda de fort bonne grâce : « *Est-ce là ce Favre duquel on parle tant?* » Charmé de ses manières exquises, Louis XIII lui offrit la présidence du Parlement de Toulouse (1), mais ses souvenirs de famille l'attachaient à l'auguste maison de Savoie qui avait comblé ses ancêtres et lui-même des plus grandes faveurs, il avait reçu successivement le 15 juillet 1610 la présidence du Sénat de Chambéry et le 17 juillet 1617 le haut poste de Gouverneur de la Savoie et de tous les pays en deçà des monts. Le roi de France n'en accorda pas moins une pension de 2000 livres à Claude, l'un de ses fils, qui s'était fixé à Paris.

Antoine Favre fit son testament le 15 février 1624, léguant au même Claude, le second de ses enfants, sa baronnie de Pérouges (2). Dans cet acte, il ajoutait : « pour la pension de deux mille livres que je lui fis obtenir du Roi très-chrétien, au voyage que je fis à Paris, en 1619, à la suite de M. le Sérénissime Prince de Piémont, qui daigna aussy s'y employer, et se trouva en même temps à Paris pour le fait de son très-heureux mariage, etc. » Il n'est donc point douteux que cette pension, quoi qu'on en ait dit, fût mise sur la tête seule de son fils.

Il mourut à Chambéry, le 28 février 1624 : sa mort fut regardée comme une calamité publique (3).

(1) Taisand, p. 197 et 198.

(2) Pellisson. Hist. de l'Académie française, Paris, Coignard, 1729, p. 250.

(3) Burnier. Hist. du Sénat de Savoie, t. I, p. 567.

Son corps fut enterré en l'église des Cordeliers de Sainte-Marie de Chambéry, « avec cette épitaphe fort *simple* et au-dessous d'un homme si illustre :

« Passant, passe outre et ne t'amuse point à répandre des larmes sur ce cercueil, où gist celuy dont la grandeur de ses œuvres le fera survivre à ceux qui viendront après luy ; s'il est mort, c'est pour la Jurisprudence, il vit aussi par elle, et elle pour luy aux éternités, ne cherche icy que son corps, sa réputation est dans tout le monde, et son âme au ciel ; envieux qui désire le voir ensevely dans le tombeau de l'oubly, arreste-toi icy où reposent ses os, et tu verras qu'il vit partout, sinon dans ce tombeau, hélas ! où ses mérites ne sont point enviés, si tu veux qu'il soit mort cesse de l'envier et pleure sur sa tombe pendant que les Papiniens l'admireront, les Cours souveraines s'arresteront sur ses sentimens, et que son âme loüera la bonté de son Dieu ès siècles des siècles.

« Œtatis suæ LXVII, Christi nati M.DC.XXIV. »

Antoine Favre (1) n'avait pas augmenté de 1,000 livres de rentes le patrimoine qu'il avait reçu de ses ancêtres. Il était d'une charité envers les pauvres telle que les aumônes s'élevaient régulièrement chaque année à 7,000 francs de notre monnaie : dans les temps de disette, il vendait son argenterie pour les rendre plus abondantes. Son testament, rapporté en entier par Taisand, est un monument précieux de sa tendre piété, de son affection pour ses enfants et surtout de l'esprit d'ordre et d'équité qui dirigeait toutes ses actions.

De nos jours, un jurisconsulte de son poids et de

(1) Mr Depery. Biographie. p. 18.

son mérite se fût certes enrichi, car il a laissé des ouvrages qui eurent le plus grand succès à cette époque.

Ses œuvres (1) sont renfermées en dix gros volumes in-folio sous les titres suivants :

I. *Conjecturarum libri xx*, dédié à René de Liobard, seigneur du Chastelard, président du Sénat de Savoie;

II. *De erroribus Pragmaticorum et interpretum Juris Chiliades*, en quatre tomes, dédiés au duc de Savoie, Charles-Emmanuel ;

III. *Decisionum Forensium in Sabaudiæ senatu tractarum Codex*, dédié au même prince ;

IV. *Jurisprudentia Papiniana*, dédiée au duc de Nemours ;

V. *Rationalia in Pandectas*, en quatre tomes, le premier dédié à l'empereur Rodolphe, le second au cardinal de Savoie, le troisième et le quatrième au duc de Savoie ;

VI. *Consultatio de Montisferrati ducatus*, dédiée aux Princes chrétiens ;

VII. *De nummanis solutionibus* ;

VIII. *Abrégé de la pratique judiciaire et civile.*

Le plus important de ses ouvrages est son *Codex* dit *Code Fabrien* (2) qui fut souvent cité comme une autorité d'un grand poids dans les pays de droit romain ; on doit lui reprocher néanmoins d'avoir, dans l'exa-

(1) Voir sur les œuvres d'Antoine Favre l'excellent travail de M. Burnier, t. I p. 523.

(2) Dans cet ouvrage, l'auteur parle d'un Claude Guichard, châtelain du bourg Saint-Christophe, en 1570, qu'il appelle SON COMPÈRE, depuis, sénateur à Chambéry, homme distingué par sa science.

men de certaines questions, eu recours à trop de subtilités.

Il s'occupait aussi de littérature et quelque peu de poésie : en 1596, il avait offert à Charles-Emmanuel, duc de Savoie, une tragédie en cinq actes et en vers, oubliée depuis longtemps, qui avait pour titre : *Les Gordians et Maximin*, ou l'*Ambition.*

On a encore de lui des *Centuries de quatrains moraux* qu'on rencontre avec ceux de Pibrac : M. Depery cite, à titre d'échantillon de la force et de la justesse des pensées, la suivante :

XCIX.

Quand tu voudras compter au vrai ton aage
Ne me dy point : j'ai soixante ans et plus,
Tu compterais les ans que tu n'as plus,
Compte tes jours dès quand tu seras sage.

Ajoutons encore qu'il fut l'éditeur, en 1603, des *Epitres* d'Honoré d'Urfé (1) dont l'*Astrée,* où est si poétiquement peint le bonheur des bergers du Lignon en Forez, fut pendant cinquante ans la folie de l'Europe.

Antoine Favre aimait à passer les beaux jours de l'année dans sa maison de Meximieux lorsque les affaires de l'Etat lui donnaient quelques loisirs : le saint évêque de Genève vint plusieurs fois l'y visiter.

Le séjour de ce dernier est attesté par une pieuse tradition, qui rapporte qu'un des enfants d'Antoine Favre étant sur le point de mourir des suites d'une

(1) Urfé appartenait à l'une des plus anciennes et des plus illustres familles du Forez. Ce fut à Virieu-le-Grand que, d'après Guichenon, il composa l'ASTRÉE. Il mourut en Piémont, en 1625, laissant inachevé cet ouvrage qui fut terminé par Baro, son secrétaire.

fièvre des plus dangereuses, le malheureux père sollicita les prières de son saint ami. François de Sales vint voir le malade, qui dut presque immédiatement, à son intercession puissante, un rétablissement miraculeux.

Antoine Favre voulut consacrer ce prodige par un tableau représentant *son cher et tendre frère*, avec cette inscription votive peinte au pied du portrait :

VOTUM REDDIT CVI GRAVISSIMA FEBRI
AFFLICTO DEVS REDDIDIT SANITATEM PRECIBUS
INTERCESSIONE DIVI PATRIS FRANCISCI
SALESII.

Le saint y est représenté de face, tête nue, en habit religieux, la croix pastorale suspendue au cou : l'artiste a été heureusement inspiré de ne point signer son œuvre aussi médiocre que possible ; mais elle n'en a pas moins aujourd'hui du prix en raison du souvenir pieux qu'elle rappelle : elle est la propriété actuelle de M. le curé Blanchon.

La vie et les œuvres du Président Favre n'avaient jusqu'à présent trouvé que des louanges, au point que le sénateur Avet s'écriait en 1824, dans son *Eloge historique du président Favre* : « Puisse cet essai faire germer dans les cœurs l'amour des sublimes vertus dont Favre offrit le plus parfait modèle ! »

M. Victor de Saint-Genis, dans son Histoire de Savoie, que nous avons déjà citée, consacre tout un chapitre de son livre au rôle que jouèrent dans leur pays, saint François de Sales et le président Favre : le portrait de ce dernier est loin d'être flatté. « Favre, dit-il, fit de l'âme ingénue de saint François de Sales l'instrument de sa fortune : l'amitié de l'évêque de

Genève a jeté sur le premier un si singulier éclat que les fautes du politique sont comme effacées par les vertus du saint. Doué de qualités éminentes, mais faisant bon marché *de ces conventions sociales du vice et de la vertu*, qui ne sont, à ses yeux, que le frein des âmes vulgaires, Favre trouvait dans les duplicités de Charles-Emmanuel, dans l'état embarrassé de la Savoie, dans les désordres de l'Europe, l'emploi d'un goût décidé pour l'intrigue, d'une apparente franchise, d'un esprit délié, subtil, d'une passion du commandement que contrariait sa cauteleuse prudence ; il était de ces riches, déguisés en pauvres, qui sacrifient l'éclat du pouvoir pour mieux s'assurer la satisfaction de tout secrètement conduire. »

Il n'est guère plus ménagé comme jurisconsulte. « Son *Code* n'est, à vrai dire, que le recueil raisonné des arrêts du sénat de Savoie (1), pendant une période de dix ans ; on fait honneur au seul Favre de ce travail de patience : ce fut l'œuvre collective et souvent anonyme de ses collègues..... Travailleur infatigable, possédant à fond les textes, il perdit dans l'étude de la chicane la verdeur d'allures, la vivacité de jugement qui à son début firent le succès de ses *Conjectures* ; il est ingénieux et disert, mais souvent banal dans l'expression, et sans élévation dans la pensée. La morale de sa vie se résume dans l'épigraphe du code : *quod tibi fieri non vis, alteri non feceris ;* c'est le droit exclusif, inerte du rhéteur antique ; ce n'est point cette sympathie active, cette charité agissante qu'on devait attendre de l'ami de saint

(1) Favre y a même traité avec une sorte de prédilection les questions de sorcellerie : il adopte les principes et les conclusions de l'ouvrage de Martin Delrio. — *Hist. de Savoie*, t. II, p. 516.

François de Sales. L'essentiel pour lui, c'est de réussir, et s'il échoue, de n'être pris ni pour un coupable ni surtout pour une dupe.. » *sui quam veritatis amantior*, selon le mot piquant de Joseph Aurel *(Resp. Jurisc.)*

Il ne manquait au jugement sévère que porte, sur Antoine Favre, le nouvel historien de Savoie, qu'un portrait physique de l'illustre homme d'Etat. Nous le trouvons dans une note du même chapitre, cette fois encore dans des termes qui n'annoncent pas plus de sympathie : « Si l'on compare la figure blanche, souriante et blonde de l'évêque dans tous ses portraits, à la tête osseuse, au visage amaigri, creusé, fuyant, morose et railleur du magistrat (splendide bronze de M. Gumery), cette *débonnaireté* expansive à cette fausse humilité, on devine sans efforts lequel de ces deux hommes a été la dupe de l'autre. »

Nous avons tenu à citer cette appréciation nouvelle sur un homme qui joua, en Savoie, et même au dehors, un rôle considérable. Mais il nous étonne qu'avec tous les défauts que lui prête M. de Saint-Genis, il ait pu demeurer l'ami si intime du grand François de Sales : nous aimons mieux nous ranger à l'opinion commune, qui en juge bien autrement.

L'abbé Vittor, vicaire à Thonon, a publié, sur les travaux apostoliques (1) de saint François de Sales, un ouvrage intéressant, où il rapporte plusieurs lettres inédites adressées au président Favre : le pieux missionnaire aimait à entretenir son ami de ses espérances et de ses découragements ; il lui écrivait, en décembre 1594, qu'il était prêt à remettre « la charge

(1) Apostolat de saint François de Sales à Thonon. Lyon. Périsse frères, 1865, p. 82.

de la moisson de Thonon, véritablement trop pesante pour ses épaules... » ajoutant : « mais cependant quand je pense à y mettre d'autres ouvriers, et à leur préparer tout ce qui leur est nécessaire pour subsister, je ne trouve point de bout ni de sortie au milieu des ruses infinies de l'ennemi du genre humain... »

Antoine Favre était bien véritablement son meilleur confident ; un fragment d'une lettre, écrite du château de Sales le 18 mai 1598, au Nonce Apostolique, nous dira l'estime qu'avait de lui François de Sales :

« Le président Favre va à Turin et de là à Ferrare ; c'est un homme distingué par sa piété et ses talents ; et, *pour le dire à ma manière, c'est le phénix de la Savoie.*

J'avais un incroyable désir de faire le voyage avec lui... »

Il y a assurément loin de cet éloge, que l'amitié a peut-être quelque peu exagéré, au jugement sévère et inexorable de M. de Saint-Genis ; nous estimons que la vérité est entre ces deux appréciations : saint François de Sales devait se connaitre en hommes, et il n'est pas vraisemblable de penser qu'il ait pu si longtemps demeurer la dupe d'un personnage avec lequel il s'est au contraire toujours honoré d'entretenir une amicale et sérieuse correspondance.

Les quatrains du président Favre (1) respirent tous un sentiment vrai des plus belles vertus chrétiennes : on y trouve une protestation formelle contre les affirmations de duplicité et d'égoïsme qu'on lui prête : il n'est pas possible de supposer une pareille contradic-

(1) Les quatrains des sieurs de Pybrac, Favre, etc. — Amsterdam, Jacques Desbordes 1, 735. — p. 27. et suiv.

tion entre la vie du jurisconsulte homme d'Etat et les écrits du moraliste.

Nous en citerons quelques-uns qui donneront la mesure de la piété et des vertus du digne ami du saint évêque de Genève.

XXXII.

Si par discours tu peux comprendre,
De ta grandeur l'immense pauvreté,
Vois qui tu es, vois qui tu as été,
Qui tu seras encore après ta cendre.

XXXVI.

Ne fais jamais que ton œuvre méchante
Donne sujet de mal parler de toi ;
C'est le secret pour bien vivre, et m'en crois :
Ouïr le blâme et faire tant qu'il mente.

C.

Si tu fais mal, ton plaisir est d'une heure,
Mais le regret t'en demeure à jamais :
Si tu fais bien, te prenant, tu t'y plais,
La peine passe et le plaisir demeure.

La bibliothèque de Lyon renferme, fonds Coste, plusieurs portraits d'Antoine Favre ainsi décrits dans le précieux catalogue qui a été dressé de cette riche bibliothèque par M. Aimé Vingtrinier, son bibliothécaire (1) :

N° 13903. Favre Antoine. *Antonius Faber J.-C. Sebusianus, anno œtatis 48 1605 (Fornezeris ?)*

— Dirigé à gauche in 8°,

Au bas cette inscription latine.

Talis erat, tantusque pater cum scriberet ista,

(1) Imprimé chez Louis Perrin à Lyon, en 1853. — Voir p. 587.

Quid senior si non Papinianus erit? Renatus filius.

Et plus bas :

Non mihi Domine, non mihi, sed nomini dem gloriam.

13904 — Antonio Fabri. Sans nom d'auteur. Tiré du livre *Elogii d'homini letterati*, p. 197. Au dos est le commencement de sa biographie. Dirigé à droite; in-4°.

13905 — Antonius Faber J.-C. de l'Armessin sculpt. Ce portrait, qui porte au-dessous la singulière traduction Antoine *Le Febvre*, est tiré de l'ouvrage : Académie des sciences et des arts. Liv. 3, p. 255. Le texte de la biographie commence au-dessous et continue au verso. Dirigé à droite. In fol.

13906. Antoine Favre, premier président au sénat de Savoye, dessiné d'après le tableau original peint dans la 67e année de son âge.—MORIN del. Lithographie; petit in fol.

Après la mort du président (1), son fils René Favre a compulsé tous les écrits que saint François de Sales avait envoyés à son père; dans des documents en latin, entièrement inédits, il a conservé des fragments des sermons qu'il disait avoir entre ses mains, *præ manibus*, en juillet 1658. Ces documents sont signés *Renatus Faber*.

Le président Antoine Favre, baron de Pérouges et de Domessin, seigneur des Charmettes, de Félicia et d'Aiguebellette, titres qu'il recueillit de 1590 à 1624, a laissé de son mariage, avec Benoît Favre de Meximieux, les enfants qui suivent :

1° René Favre, né vers 1582, seigr de la Valbonne (2),

(1) L'abbé Vittor, loc. cit.

(2) Il porta ce nom en vertu d'une clause du testament de son père, bien que la Valbonne eût été placée dans le lot d'un de ses frè-

de Premeiry, de Villaret et de Betonnet, baron d'Aiguebellette, conseiller d'Etat du duc de Savoie, sénateur au sénat de Chambéry, président du Genevois en 1624 (1).

Il paraît avoir écrit sur les travaux de son père des commentaires qui n'ont pas été imprimés, mais l'œuvre qui a surtout fondé sa réputation est *Le bien public pour le fait de la justice*, ouvrage qu'un des magistrats les plus éminents de la Cour impériale de Lyon a savamment apprécié dans un discours de rentrée qui a vivement fixé l'attention publique (2);

res. C'est sous ce nom que M. Humbert Ferrand lui a consacré son éloquente notice.

(1) Acte baptistaire de Claude-René Charin, du 22 septembre 1624 : il fut parrain avec Claudine de Villelume, marquise de Meximieux, qu'elle avait acquis de Charles de la Chambre. L'hommage rendu le 4 mai 1643, constate que cette seigneurie consistait alors en un château en toute justice, le droit de nommer un doyen, six chanoines et six prébendiers dans l'église Saint-Apollinaire, fondée par les seigneurs de Meximieux, plus les langues des grosses bêtes que l'on tue en la boucherie de Pérouges, et finalement le droit de créer et de nommer un capitaine châtelain dans la ville de Pérouges. Ce droit des langues des grosses bêtes, fait observer M. de La Teyssonnière, t. III, p. 199, doit venir des anciens abergeages faits par les dauphins du Viennois à Pérouges, de 1317 à 1322, des langues de bœufs et vaches, nombles de pourceaux de la boucherie de Pérouges, droit de chasse des lapins et de la serve delphinale de Rumilieux près Pérouges.

C'est à cette marquise de Meximieux que le sieur Oudeau, prédicateur lyonnais, a dédié son livre de l'Illustre criminel, ou les Inventions merveilleuses de la colère de Dieu dans la punition du pécheur, représenté par le roi Balthazar, Lyon, Cellier, 1675, auquel l'auteur travailla pendant dix ans. Il est mort le 25 octobre 1668.

(2) Discours de rentrée du 4 novembre 1862, par M. Onofrio, alors avocat général, aujourd'hui président à la Cour impériale de Lyon, aussi distingué par sa grande connaissance du droit que par son rare

et cependant cette œuvre grandiose a valu à René Favre une persécution en Savoie, à laquelle il eut les plus grandes difficultés à se soustraire ; c'est qu'elle battait en brèche les prérogatives du sénat de Savoie.

A la mort de Claude de Vaugelas, son frère cadet, René fut substitué à ce dernier dans la possession du fief de Vaugelas.

De son mariage, vers 1610, avec Andrée ou Adrianne de Nicole de Crescherel, fille de Claude de Crescherel (1), écuyer et baron de l'Orme en Savoie, avocat consistorial et de Jeanne de Soutereau, il avait eu (2) :

A. Antoine-François Favre, baron d'Aiguebellette, décédé sans enfants.

B. Gabriel-Philibert Favre, seigneur de Villaret et de la Valbonne, seigneur de Vaugelas à la mort de son père, marié à Marie de Duyn, fille de Pierre Duyn ou de Daim, dit Maréchal, baron de la Val d'Isère, qui lui donna :

a. Marc-Antoine Favre, seigneur de Domessin, lequel vendit la baronie d'Aiguebellette, le 15 juin 1744, pour 7,585 livres.

b. Sigismond Favre, chanoine de la cathédrale de Saint-Pierre de Genève à Annecy, lequel succéda au titre de seigneur de la Valbonne.

savoir et son amour pour les lettres : auteur d'un ouvrage estimé : *Essai d'un glossaire des Patois du Lyonnais, Forez, Beaujolais.* Lyon. Scheuring. 1864.

(1) Humbert Ferrand, p. 23.

(2) Suivant le testament d'Antoine Favre, René eut cinq enfants : François-Antoine, Charles-Emmanuel, Charles-Chrétien, une fille déjà morte, une autre fille. — Humbert Ferrand.

c. Joseph-Victor-Amédée Favre, lieutenant dans un régiment de dragons de Victor-Amédée II, roi de Sardaigne, en 1695.

Sigismond et Victor-Amédée Favre vendirent, le 6 mars 1712, Sève notaire à Lyon, la seigneurie de Vaugelas et ses dépendances, à Humbert Dufour (1), notaire royal à Meximieux, fils de Jean-Claude Dufour, marchand, et de Pernette Michel. Humbert Dufour put dès lors s'intituler sieur de Vaugelas : il était en 1743 capitaine-châtelain de Meximieux et de Pérouges.

René Favre mourut le 28 septembre 1656, après avoir été, « plus de vingt ans, en dispendieux procès et y avoir employé la meilleure partie de sa vie. »

M. Jacques Replat, dans son charmant ouvrage *Bois et Vallons*, publication de la Société florimontane d'Annecy, rapporte le testament fort excentrique de René Favre, du 24 mai 1656, lequel est

(1) Humbert Dufour étant mort, le 16 août 1748, sans enfants de son mariage avec Catherine Morellon, laissa par testament ses possessions de Vaugelas à son neveu Humbert-Joseph Dufour, notaire et châtelain de Meximieux en 1755.

Ce dernier épousa Françoise Jacquemet, fille du notaire Pierre Jacquemet et de Jeanne Mazoyer et eut une fille :

Anne-Claudine Dufour, mariée à Claude-Marie Louis, de Bourg en Bresse, notaire à Meximieux, seigneur de Vaugelas en 1774. Leurs enfants furent :

1° Françoise Louis, mariée à Claude-Marie Baubled, greffier de la justice de paix de Meximieux ;

2° Catherine-Philiberte Louis, femme Pierre Brun, du Bourg Saint-Christophe ;

3° Charles Louis, mort à l'âge de onze ans :

4° Etienne-Pierrette Louis, décédée à trois ans ;

— Notes de M. Blanchon.

inséré dans les procès-verbaux de la Chambre des Comptes du Genevois. Un chapitre entier est consacré à des citations empruntées à cet étrange monument des mœurs de l'époque.

Son épitaphe y est fixée par lui comme suit :

RENATUS FABER, BARO, SENATOR ET PRÆSES, TAMQUAM JOB EXPECTAT HIC, DONEC VENIAT IMMUTATIO SUA (1).

Les legs pieux occupent une grande place dans ses dernières volontés, mais comme il possède une tuilerie, les établissements religieux d'Annecy reçoivent des légats de chacun *250 tuiles et 10 corniers* tant que sa fabrique subsistera, etc., etc. Enfin, voulant maintenir en lustre sa maison, il impose à ceux qui prétendront hériter de lui, la condition « de n'épouser jamais femme qui ne fasse pour le moins la quatrième race de noblesse de père et de mère en rang de noblesse », le cas excepté où ses héritiers « prendroient, comme il pourroit se faire, un parti ayant pour le moins vingt mille ducatons effectifs et vaillants. » Tant il est vrai que l'insatiable besoin de s'enrichir entraine même les plus vaniteux à déroger !..

Il possédait la maison forte de Premeiry (2), dont il avait fait une des constructions les plus curieuses du XVIIe siècle; il l'avait parée de devises de tout genre, dont voici une :

« Les amis de l'heure présente
« Ont la nature du melon :
« Il en faut bien chercher cinquante,
« Avant que d'en treuver un bon. »

(1) René Favre, baron, sénateur et président, comme Job attend ici qu'arrive sa transformation.

(2) Jacques Replat, *Bois et vallons*. Annecy, Philippe, 1864.

Ou bien encore :

« Une femme bonne
« Vaut une coronne,
« Mais c'est bien fortune
« D'en treuver une. »

Docte et lettré, notre jurisconsulte passa sa vie dans les affaires litigieuses et dans l'étude du droit sans pouvoir parvenir à « *l'extermination de la chicane, ce cerbère d'enfer.* » Il avait défendu des importuns l'entrée de son cabinet par ces quatre mots :

« ALIAS ALIIS,
« HIC MIHI. »

Au contraire, l'inscription de sa porte de cuisine, semblait être un engageant appel à ses convives, qui pouvaient, dans un jeu de mots du goût de l'époque, lire que si, dans la ville, le droit l'absorbait, là, c'était lui qui absorbait le *jus* consommé.

Ut in urbe jus conditum me sorbet
Hic jus conditum sorbeo.

D'après un manuscrit de la Société florimontane, cette construction était composée de quatre pavillons reliés par deux vastes corps de logis. La maison était défendue par une enceinte crénelée, ayant tourelles aux angles, avec cour, avant-cour, portes ferrées et pont-levis. Cette construction « y compris tant en écurie, granges, qu'enceinte des trois cours, tournelles, pigeonniers et autres choses, coûta bien dix mille ducatons » au seigneur René, qui n'avait point oublié d'y faire sculpter, outre les armoiries des Favre, celles de « sa très-aimée et très-regrettée femme, » comme il la nomme en son testament, « dame Andrée-Nicolle de Crescherelle de Olandoz. »

On nous pardonnera cette trop longue digression

sur René Favre, dont la vanité égala le mérite, car il s'est fait quelque gloire par son *Parvulus liber*, intitulé : *le Bien public pour le fait de la Justice*, que nous avons cité ; et puis nous reprenons la postérité d'Antoine Favre, qui continue comme suit :

2° Claude Favre, qui formera le huitième degré.

3° Antoine Favre, dont nous rencontrons sur les registres paroissiaux de Meximieux le baptistaire ainsi conçu : « 1588, le 17e apuril, jour de Pasques, naquit Anthoyne, fils de Monsieur le sénateur Faure, et le XX dud. moys fut baptisé par moy, soussigné François Thymon, Anthoine, fils de Monsieur le sénateur Fabre et damoyselle Benoiste Fabure, sa femme, et a esté parrein noble Anthoyne de Chastellion docteur, et marreynes haute et puissante dame Madame de Meximieux et la Cueille, et Jacquième, femme de noble Jehan Anthoyne Befidy seigneur de Biard. »

Antoine Favre mourut le 16 août de la même année.

4° Antoine Favre, prêtre aumônier de Madame Royale de Piémont, prieur d'Entrémont et d'Alendes, doyen de la Sainte-Chapelle de Chambéry, homme d'une charité éminente, « qui fut moins, dit Taisand, le premier du Chapitre par sa dignité de doyen que par la distinction et la prééminence de ses vertus. »

5° Philibert Favre, seigneur de Félicia et de Brécoran, conseiller de S. A. R. de Piémont, juge-mage du duché de Chablais, sénateur à Chambéry. Il fut enterré à Thonon, le 19 novembre 1650. Il fit une donation à l'église de cette ville pour faire porter cinq cierges devant le saint viatique.

6° Jean-Claude Favre, seigneur des Charmettes et de Moiron, conseiller de Madame Royale, son premier maître d'hôtel et premier chevalier du sénat de Savoie.

De son mariage avec dame Françoise de Moyron, fille de François de Paquelot de Moyron, conseiller et trésorier général du duché du Genevois, et de Jeanne-Isabelle de Tardy, il eut :

A. Marie Favre, femme de Jacques d'Allemogne.

B. Chrestienne Favre.

C. Bonaventure Favre.

D. Sébastienne Favre.

E. Joseph-Philibert Favre (1), lequel, marié à Aimée-Madeleine de Lucinge, n'eut qu'une fille :

Louise Favre, épouse Edouard de Conzié, marquis d'Allemogne, auquel elle porta les comtés de Chanas et de Charmettes; leur fille, Madeleine, transmit aux Gerbaix de Sonaz les titres de la famille (2), par suite de son mariage avec Jean de Gerbais, comte de Sonaz.

7° Jacqueline Favre, née à Chambéry, en 1589. Elle habitait Meximieux. On trouve comme marraine à Pérouges, le 27 août 1606 : « Jaqueline, fille de Monsieur le président Fabure, seigneur de Péroges.»

Religieuse de l'ordre de la Visitation, elle est morte en odeur de sainteté le 14 juin 1637. Madame de Chantal (3) se plaisait à l'appeler *sa grande fille* en se servant d'un mot de saint François de Sales. Son nom brille du plus grand éclat parmi les

(1) Lachesnaye des Bois, Dict. de la noblesse.

(2) M. Humbert Ferrand prétend que la bibliothèque Mazarine possède un manuscrit de Guichenon et de Collet qui contient des renseignements complets à cet égard, p. 136.

(3) Humbert Ferrand.

sœurs de la Visitation (1) : elle a été supérieure des maisons de Lyon, Montferrand, Dijon, Paris et Chambéry.

8° Lucresse Favre (2).

M. Martin, curé de Courtes en Bresse, dans une lettre insérée au tome XXVII de la *Revue du Lyonnais*, rapporte que le président Favre s'était marié en deuxièmes noces avec Philiberte de la Pérouse. C'est un fait que nous n'avons pu vérifier, pas plus que la parenté, avec Antoine Favre, d'Hélène Gillet dont nous allons parler.

Le président de la Cuisine rapporte dans son *Histoire du parlement de Bourgogne*, t. II, l'intérinement par le parlement à Dijon, le 5 juin 1625, des lettres de grâce accordées à Hélène Gillet, fille du châtelain de Bourg, Pierre Gillet, *arrière-petite-fille* du président Favre.

Cette malheureuse fille, à laquelle on avait fait prendre un breuvage narcotique, avait été séduite ; on l'accusa d'avoir caché sa grossesse et fait mourir son enfant qui lui avait été enlevé par le père lui-même et enterré au pied d'un mur, où, sur les indications d'un corbeau, un soldat le découvrit par hasard. Le présidial de Bourg la condamna à mort ; la sentence fut confirmée par le parlement de Dijon, où dut avoir lieu l'exécution. Là, il se passa une scène atroce : le bourreau porta plusieurs coups de hache mal assurés sans pouvoir trancher la tête ; il essaya alors d'étrangler la malheureuse victime avec une corde, puis sa femme qui l'assistait, tenta de couper

(1) M. Dépery lui a consacré, dans son Hist. hag., un très-long article que nous regrettons de ne pouvoir reproduire : il est tiré de la *Vie des quatre premières mères de l'ordre de la Visitation Sainte-Marie* par la R. M. François-Madeleine de Chaugy, Annecy, Clerc, 1649.

(2) Elle fut marraine en 1604 d'Antoine Vernat : — *Reg. paroiss.* — Elle est également mentionnée en 1604, 1605 et 1611.

la gorge à Hélène avec des ciseaux; l'indignation s'empare alors de la foule, une sédition s'élève, le bourreau et sa femme sont massacrés par le peuple qui emporte la victime sanglante, mais vivante encore. Un habile chirurgien la guérit, des lettres de grâce furent accordées et Hélène alla achever ses jours dans un couvent de Bresse, où, relevée de son infamie, elle mourut avec beaucoup d'édification.

M. Dépery a consacré un long article à cette triste infortune que Charles Nodier, un de nos littérateurs les plus distingués, a racontée en termes si piquants et si pittoresques dans son *Histoire d'Hélène Gillet;* Paris, 1833.

VIII. Claude Favre de VAUGELAS, né à Meximieux, le 5 janvier 1585.

M. C. A. Ducis, l'un des membres les plus savants de la Société Florimontane, signale, dans la *Revue savoisienne* du 15 janvier 1870, les variétés de lecture de son acte baptistaire, que nous avons rapporté au début de cette étude.

Ces différences n'ont qu'une faible importance, en ce qu'elles portent sur les noms de la marraine de Claude Favre, qu'il faut lire *damoyselle Bomte vefve de feu noble Philibert Faïure*, et sur la finale *par* MESS[e] *Loys Estion*; à cette époque, le prénom de Bonne était fort usité, et il ne paraît pas qu'il existât à Meximieux ou aux environs de famille *Faïure* (*Faivre* sans doute) ; deux raisons pour appuyer notre lecture, quoique celle de M. Ducis semble plus conforme à l'écriture. L'état d'effacement presque complet où se trouve l'original de cet acte précieux, explique facilement ces variétés ; c'est un motif pour nous de nous féliciter de l'heureuse pensée de l'avoir photographié : les tons très-pâles ont donné une teinte noire que la gravure consacre d'une manière durable, comme si la transcription venait d'en être faite par le chanoine Estion.

M. Ducis ajoute que les auteurs savoisiens n'ont réclamé la nationalité de Vaugelas que parce que la Bresse faisait alors partie des États du duc de Savoie, ce qui est vrai; enfin il ajoute que Claude Taisand, religieux de Citeaux, est le premier qui ait propagé cette erreur dans son ouvrage intitulé : *La vie des plus célèbres jurisconsultes de toutes les nations*, Paris, 1721.

Malgré les récentes affirmations de M. de Saint-Genis, Vaugelas est donc bien né à Meximieux. Ce point constaté, rapportons les principales circonstances de sa vie.

Il vint (1) de bonne heure à la cour de France, où il fut nommé gentilhomme ordinaire de Jean-Baptiste Gaston, duc d'Orléans, fils d'Henri IV et frère de Louis XIII; puis il devint chambellan du même prince.

En 1619, il reçut de Louis XIII une pension de 2000 écus.

« Cette pension, dit Sainte-Beuve (2), était à titre onéreux toute conditionnelle *pour une chose longue et pénible à faire* qui était le *Dictionnaire de l'Académie française*, et de plus elle dépendait du bon plaisir du surintendant M. de Bullion. Quand il plaisait à celui-ci de ne pas la payer, — et il paraît que cela lui plaisait assez souvent, — elle se réduisait à zéro. Chapelain (3) ne

(1) Pellisson, p. 249.

(2) *Constitutionnel* des 21 et 28 décembre 1863. — Sainte-Beuve commet ici une erreur. La pension qui fut constituée en 1619 n'a pu l'être pour le fait du Dictionnaire : l'Académie ne fut fondée qu'en 1635, mais elle dut être rétablie par Richelieu à cette dernière époque pour encourager le travail de Vaugelas au Dictionnaire de l'Académie.

(3) Poète français qui jouissait d'un grand crédit à la Cour de France. Auteur du poème de la *Pucelle*, auquel il travailla trente ans; sa réputation succomba sous les critiques de Boileau.

perdait aucune occasion de revenir à la charge, de faire valoir son ami ou de l'excuser quand le cardinal s'impatientait de ne voir rien venir de ce fameux dictionnaire, dont la première édition devait mettre plus de cinquante ans à paraître. »

Lorsque Vaugelas vint remercier Richelieu du rétablissement de sa pension, le cardinal lui dit en riant : « Vous n'oublierez pas du moins le mot de PENSION dans votre dictionnaire. — Non, Monseigneur, répondit-il, et encore moins celui de RECONNAISSANCE. »

Après la mort de son père, Claude Favre devint, en 1624, seigneur de Vaugelas et baron de Pérouges, possessions qui lui étaient léguées par le testament d'Antoine Favre.

« La seigneurie de Vaugelas, dit M. le curé Blanchon, qui a bien voulu le relever pour nous sur un titre de l'époque, était un petit fief, situé sur la commune de Meximieux, composé de :

« 1° Une maison haute et basse, écurie, fenière, bûcher, cour, clos, jardin et pré, au lieu appelé *de Vaugelas*, de la contenance en jardin d'une bicherée de semailles (5 ares 50 centiares), et en pré de six sesterées (189 ares 93 centiares), qui se confinait le tout au grand chemin de Loyes et de Pérouges (route impériale de Lyon à Genève) de bize ; à un autre chemin tendant de l'église Saint-Apollinaire à Charnoz, du matin, aux terres appelées de Preynel, de vent, au pré de la Billiousta appartenant aux chanoines de Meximieux, de soir ;

« 2° D'une terre chenevière de la contenance de trois bicherées, close de ses quatre haies, située au matin, et à côté de la maison de Vaugelas, le chemin entre deux ;

« 3° Une autre petite maison, située au mas de la Chanodière, proche la croix de Vaugelas, joignant le chemin de Loyes à Pérouges, de vent ; la place dépendant du dit Vaugelas, ci-après confinée, du matin ;

« 5° Trois parcelles de vigne, contenant les dites trois parcelles vingt quatre ouvrées (84 ares 41 centiares), situées ès vignobles de Saint-Jean ;

« 4° Une terre chenevière, joignant ladite petite maison, contenant environ une bicherée, jouxte le chemin de Saint-Apollinaire à Charnoz, de matin ;

« 6° Un pré situé au bas dudit vignoble de Saint-Jean, clos de ses quatre haies, contenant deux sesterées (63 ares 31 centiares) ;

« 7° Un moulin, appelé moulin *Favre*, situé sur la rivière de Longevent ;

« 8° Une vigne située à Mont-Chatel, paroisse de Pérouges, contenant environ cinq ouvrées (17 ares 58 centiares) ;

« 9° Une rente noble appelée de *Vaugelas* ou de Fourvières, contenant quarante-cinq reconnaissances ;

« 10° Une vigne située à Lagnieu, proche de la tour de Montvert, contenant huit ouvrées (28 ares 13 centiares). Cette vigne provenait de l'hoirie de Jacquemine Guinet, femme de Claude Favre, père et mère de Benoit Favre. »

En 1631, Gaston d'Orléans, ayant refusé de reconnaître l'autorité du cardinal de Richelieu, fut obligé de quitter la France ; Claude de Vaugelas suivit ce prince en exil.

Il revint bientôt à Paris. C'était l'époque où quelques gens de lettres s'assemblaient chez le littérateur Conrart pour y causer affaires, nouvelles et surtout belles-lettres. Ce petit cercle d'hommes, dont quelques-uns considérables par leur mérite et leur savoir, songea bientôt à s'attribuer un directeur, un chancelier, un secrétaire; des registres furent tenus dès le 13 mars 1634, où il était rendu-compte des assemblées.

L'Académie française était fondée en principe. Son bureau était ainsi composée :

Jacques de Sérizay, directeur.

Jean des Marests, chancelier.

Valentin Conrart, secrétaire.

Des lettres-patentes, signées Louis, données à Paris au mois de janvier 1635, approuvèrent et autorisèrent la nouvelle Société et ses réunions, déclarant qu'elle se continuerait sous le nom d'Académie Française, avec quarante membres selon les statuts présentés et approuvés. Il lui fut attribué un sceau en cire bleue sur lequel devait être gravée l'image de son instituteur et protecteur, Armand, cardinal, duc de Richelieu, et au contre-sceau, une couronne de laurier avec ces mots : *à l'immortalité.*

Vaugelas, qui avait « une figure agréable et de l'esprit comme la figure » y fut admis le 27 novembre 1634 : il était digne de paraître en si belle assemblée, car toute son existence fut vouée à l'étude de sa langue : il passa sa vie « à codifier la langue française comme son père avait passé la sienne à codifier le droit. Le Codex Fabianus et le Dictionnaire de la langue française, à la composition duquel Vaugelas prit une part si importante, sont, dit un éloquent magistrat (1), deux codes nés de la même passion pour l'ordre. »

En 1647, Vaugelas publia ses *Remarques sur la langue françoise*, Paris, Bilaine, au deuxième pilier, qui rendirent à cette époque les plus grands services. C'est une étude minutieuse et patiente qui signale la fortune d'un grand nombre de phrases et de mots, en nous faisant assister à leur naissance, à leur succès, à leur déclin. Sans doute son œuvre a moins d'utilité aujourd'hui, puisque

(1) Discours de rentrée du 9 novembre 1863, par M. Maurel, premier avocat général à la Cour impériale de Chambéry.

les progrès du temps et de la civilisation ont condamné quelques-unes de ses décisions. La théorie des *Remarques* peut se résumer dans cet axiome : *Un mauvais mot fait plus de tort qu'un mauvais raisonnement.*

Les faits démontrent assez l'influence qu'obtinrent les *Remarques* à l'époque de leur publication : peu de livres eurent, en si peu d'années, autant d'éditions ; peu d'ouvrages ont été autant annotés, commentés ou continués par des auteurs divers (1) ; aussi Pelisson disait-il en 1652 : « Les *Remarques* ont été choquées de plusieurs ; il n'y a presque personne qui n'y trouve quelque chose contre son sentiment ; cependant on connaît bien qu'elles s'établissent peu à peu dans les esprits et y acquièrent de jour en jour plus de crédit. »

En 1704, l'Académie elle-même, considérant que les *Remarques* étaient toujours pour une foule de gens la règle du langage, et que cependant le temps y avait apporté quelques modifications, publia : *Observations de l'Académie françoise sur les* Remarques *de M. de Vaugelas*, Paris, Coignard, in-4°, avec cet avertissement en tête :

« L'ACADÉMIE FRANÇAISE, persuadée que les *Remarques* de M. Vaugelas sur nostre langue méritent leur réputation, a cru devoir faire imprimer un ouvrage né dans son sein, et dont la beauté a esté si bien reconnuë. Mais comme la suite des années apporte toujours quelque changement aux langues vivantes, elle a esté obligée d'y adjouster quelques observations, qui sans rien oster à la

(1) Remarques avec notes de Th. Corneille et Patru, 3 vol. in-12. — Bouhours, Doutes sur la langue française, 1674. — Remarques nouvelles sur la langue française, 1675. — Suite des remarques nouvelles, 1692. — D'Aizy, Génie de la langue française, 1685. — Aleman. Guerre civile des Français sur la langue, 1688. etc.

capacité, ny même à la pénétration de l'auteur dans l'avenir, marquent en peu de mots les changements arrivés depuis cinquante ans, et rendent compte de l'usage présent : règle plus forte que tous les raisonnemens de la Grammaire, et la seule qu'il faut suivre pour bien parler. »

Un éloge venu de si haut nous dispense d'en dire davantage ; nous renvoyons, au surplus, au remarquable article qu'a consacré au livre de Vaugelas, l'illustre critique Sainte-Beuve, à l'occasion du discours prononcé par M. Maurel, premier avocat général, à l'audience solennelle de rentrée de la Cour impériale de Chambéry. L'œuvre de Vaugelas, cet homme au parler si pur, est appréciée de main de maître par le célèbre écrivain dont le haut talent est trop connu pour que nous ayons à insister davantage : on sait que ses arrêts étaient sans appel.

Un avocat de Grenoble, du nom d'Alleman, édita, en 1690, un volume de *Nouvelles remarques de M. de Vaugelas*, dont il prétendait tenir le manuscrit de M. de la Chambre, curé de Saint-Barthélemy. Cet ouvrage, que quelques-uns refusent d'attribuer à Claude Favre, n'eut aucun succès.

Il n'en fut pas de même de la *Traduction de Quinte-Curce*, publiée par Vaugelas lui-même en 1647, à laquelle il travailla trente ans, la changeant et la corrigeant sans cesse. C'est de cette œuvre, le premier bon livre écrit correctement en français, que Balzac a dit : « L'Alexandre de Quinte-Curce est invincible, celui de Vaugelas est inimitable! »

Vaugelas composa quelques épigrammes, mais il n'excellait guère en ce genre, et encore n'était-ce que pour quelque galanterie. Pélisson raconte qu'un jour, passant à Nevers, où la future reine de Pologne, la princesse

Marie, se trouvait alors, quelques-unes de ses demoiselles qui faisaient une quête, vinrent dans l'hôtellerie où il était ; il ne put les recevoir à cause d'un remède qu'il venait de prendre : il leur envoya deux pistoles avec cette épigramme :

Empêché d'un empêchement,
Dont le nom n'est pas fort honnête,
Je n'ai pu d'un seul compliment
Honorer au moins votre quête.
Pour en obtenir le pardon,
Vous direz que je fais un don
Aussi honteux que mon remède :
Mais rien ne paroît précieux
Auprès de l'Ange qui possède
Toutes les richesses des Cieux !

C'était de la princesse qu'il entendait parler.

Il fut gouverneur (1), sur la fin de sa vie, des enfants du prince Thomas de Carignan, dont l'un était sourd et muet, et l'autre bègue. « Quelle destinée, disait M. Rambouillet, pour un homme qui parle si bien et peut si bien apprendre à parler, qu'être gouverneur de sourds et muets ! » Tallemant (2) dit que ce fut Mme de Carignan « qui fit mourir ce pauvre M. de Vaugelas à force de le tourmenter et de l'obliger à se tenir debout et découvert. »

Quand Vaugelas était à Paris, il allait tous les jours à l'hôtel de Rambouillet; il y débitait des nouvelles, « où il n'y avoit aucune apparence, et il croyoit quasi tout ce qu'il entendoit dire. » Il était plein de candeur, surtout attentif aux formes du langage, aux mots bien plus

(1) Sainte-Beuve. Nouveaux lundis. VI. 344.

(2) Historiettes de Tallemant des Réaux. Paris. 1864. ouvrage où l'on trouve une foule d'anecdotes curieuses, mais trop de cynisme.

qu'aux choses ; gentilhomme d'ailleurs de belle apparence, de bonne mine, fort dévot, civil et respectueux jusqu'à l'excès, particulièrement envers les dames ; craignant toujours d'offenser quelqu'un, circonspect dans les disputes ; — tout à son procès-verbal élégant et perpétuel.

En ses dernières années, il était devenu le grand travailleur, la cheville ouvrière de l'Académie, celui qui tenait la plume pour le Dictionnaire, et qui avait la conduite de tout l'ouvrage. Mais il ne lui fut pas donné, à lui le précurseur, d'être encore le metteur en œuvre dans l'exécution du monument. Il lui aurait fallu une seconde vie pour en venir à bout et en voir la fin. »

Estimé de la Cour et de toute la ville, réglé dans sa dépense et dans sa conduite, Vaugelas n'en mourut pas moins fort pauvre en février 1650, âgé de 65 ans. Il souffrait, depuis la fin de 1649, de douleurs violentes à la rate : un mieux se manifesta, il se crut soulagé et voulut aller prendre l'air dans les jardins de l'hôtel de Soissons, où il avait un appartement. Mais son mal le reprit avec plus de violence ; il envoya un de ses valets appeler du secours : avant le retour de ce dernier, l'autre étant survenu, le trouva rendant un abcès par la bouche et lui demanda ce que c'était : « *Vous voyez, mon ami,* répondit-il froidement, *ce peu que c'est que de l'homme.* » Et il expira aussitôt après.

C'était un homme agréable, bien fait de corps et d'esprit et de belle taille ; il avait les yeux et les cheveux noirs, le visage bien rempli et bien coloré. L'amabilité de son caractère lui fit de nombreux amis, parmi lesquels, Faret (1), de Chaudebonne, Voiture, et sur la fin de sa

(1) Nicolas Faret est né à Bourg en Bresse, vers 1565 ; d'abord

vie, Chapelain et Conrart ; mais son ami de cœur était le baron de Foras, qu'il appelait *son frère*.

Cela n'empêchait pas cet honnête homme si soigné, si rangé dans son langage et dans son procédé envers tout le monde, vivant d'ordinaire auprès des grands, d'être criblé de dettes. On rapporte que sur la fin de sa vie, pour éviter ses créanciers, il ne sortait que le soir, et on le comparait à un oiseau de nuit. Sa pension, dont on a tant parlé, lui était, à ce qu'il parait, fort mal servie. Pour lui avoir été rendue par Richelieu, elle n'en était pas moins précaire : les lettres de Chapelain en font foi.

A peine était-il enterré que ses créanciers se saisissaient de ses papiers et de ses cahiers : il fallut plaider et avoir un arrêt pour que l'Académie rentrât en possession du manuscrit du Dictionnaire. De son vivant, il avait été contraint, pour se procurer quelque argent, de vendre sa baronie de Pérouges à Alexandre de Falaise, conseiller du roi, lieutenant criminel au bailliage de Bourg : avant sa mort, il l'avait rachetée des héritiers de ce dernier.

Me Jacquet, prêtre à Pérouges, venait de baptiser, le dernier février 1627, un enfant pour honnète Humbert Chasey lorsque le nouvel acquéreur de la baronie se présenta pour prendre possession. Nous citons cette curieuse mention qui fut faite sur le registre paroissial avant la signature des parties : « Auquel jour, noble Alexandre de Falaize, conseiller du roy au siége présidial de Bresse, seigneur et baron dud. Péroges, a prins possession de lad. terre et a esté pnt. au pnt. baptisée, assistants nobles Charles Charbonnier, Philibert Tardy, aussi con-

avocat au Présidial de cette ville, puis académicien. On prétend que c'est le besoin seul de la rime qui le fit choisir par Boileau pour répondre au mot *cabaret*.

seillers aud. siége, M[res] Philibert Tamisier, Jacques Vuydat et plusieurs autres. »

Suivent les signatures et : « Et moy présent et estant sindic.

JACQUET baptizant. »

Tous les biens de Vaugelas furent vendus après lui pour payer ses dettes, à l'exception de son fief de Vaugelas, qui, par substitution, devait revenir à son frère René Favre. Celui-ci, pour se mettre en propriété réelle, donna procuration le 15 février 1656, devant Me Amondry, notaire de Savoie ; un procès-verbal fut dressé par les experts-visiteurs Gabriel Estion, maître charpentier, et Martin Pilod, maître maçon, de Meximieux ; mais le nouveau seigneur n'en devait pas jouir longtemps, puisqu'on a vu qu'il mourait au mois de septembre suivant.

Le testament de Vaugelas, ou du moins un article de ce testament a été cité, et il serait des plus remarquables s'il était authentique. Après avoir disposé de tous ses effets pour acquitter ses dettes, le testateur ajoutait :

« Mais comme il pourrait se trouver quelques créanciers qui ne seraient pas payés quand même on aura réparti le tout, dans ce cas, ma dernière volonté est qu'on vende mon corps aux chirurgiens le plus avantageusement qu'il sera possible, et que le produit en soit appliqué à la liquidation des dettes dont je suis comptable à la société ; de sorte que si je n'ai pu me rendre utile pendant ma vie, je le sois au moins après ma mort. »

Il faut entendre probablement par là que Vaugelas, depuis longtemps malade d'une tumeur vers la rate ou l'estomac, autorisa l'autopsie après sa mort. Mais pour ajouter une foi entière à l'anecdote, il faudrait une autre autorité que Fréron (1), dont le témoignage est insuffisant.

Claude Favre de Vaugelas possédait, en 1642 (2), la Rouge ; c'est du moins ce qui résulte d'un acte baptistaire de cette année, où il est dit que « Louis Nizeret, granger en la grange appelée *la Grange-Rouge, appartenant à M. de Vaugelas,* fut parrain de Louis Messimo » La Grange-Rouge fut achetée par Gabriel Vernat, qui habitait les mêmes appartements de réserve qu'avait occupés l'illustre académicien.

L'humble maison de Vaugelas (3) a été remplacée par

(1) Journaliste français, directeur de l'*Année Littéraire*, en 1754 : sa suspension en 1776 par le Garde des sceaux Hué de Miromesnil fut cause de la mort de Fréron que Voltaire mit en scène dans sa comédie de l'*Ecossaise* sous le nom de *Frélon* : il eut beaucoup d'ennemis à cause de ses critiques qui furent cependant réservées et s'attaquèrent principalement aux innovations qu'il croyait de mauvais goût.

(2) Humbert Ferrand, p. 129. M. Humbert Ferrand dit en terminant sa notice sur René Favre, qu'il a eu entre mains les documents peu ou point connus que possède M. Aillod, documents que de nombreuses et intelligentes recherches ont mis incidemment en la possession de ce dernier, lequel s'occupe d'une histoire complète du président Favre. Nous souhaitons vivement de voir paraître cet ouvrage, nous savons trop quel intérêt sérieux s'attachera à cette œuvre que recommande à l'avance le mérite et le savoir de M. Aillod, actuellement substitut de M. le procureur impérial à Valence.

(3) Le nom de Vaugelas s'est perpétué, nous ignorons pourquoi, dans l'honorable famille Vincent, originaire de Saint-Etienne en Forez.

Le Bulletin des lois du 2 août 1859, n° 6818, rappelle un décret impérial du 7 juillet précédent, qui autorise M. Vincent Claude-Aimé, propriétaire à Lyon de la maison où est la mairie du 2e arrondissement, né en cette ville le 21 mai 1808, à ajouter à son nom patronymique celui de Vaugelas, et à s'appeler à l'avenir : VINCENT DE VAUGELAS.

Cette famille avait été anoblie par Antoine Vincent, qui décéda, en le château de la Rouge, appartenant à l'honorable famille des Passerat de La Chapelle, famille qui a su conquérir, par la pratique des plus hautes vertus et par une bienfaisance inépuisable pour les malheureux, une popularité bien préférable à celle que lui donnaient déjà et l'éclat de sa naissance et sa position sociale. On conserve au château un portrait peint sur toile du célèbre Vaugelas, qu'une inscription au pied nous indique avoir été faite en 1638 : Æ T A. 53. J.

La bibliothèque de Lyon possède une lithographie in-8° par Delpech ; la tête est dirigée à droite : Vaugelas, que l'inscription au-dessous indique né à Chambéry en 1585, paraît être à l'âge, non plus de 53 ans, mais à celui de 35 à 40. C'était sans doute l'époque où il était, à la Cour de France, gentilhomme de Gaston d'Orléans : il est représenté la face bien remplie, le corps revêtu d'une cuirasse sur laquelle broche une écharpe. Il y a loin de ces traits fins et pleins de santé à la figure creusée, morose et railleuse que M. Gumery attribue à son père ; à 53 ans, Vaugelas est plus amaigri et plus grave, mais c'est toujours la même physionomie douce et spirituelle, les mêmes yeux noirs, le même visage coloré.

Qu'on nous permette, en finissant cette généalogie des Favre, puisque Meximieux doit à un des membres les plus connus de cette famille, l'heureuse prérogative d'avoir une place dans notre histoire générale, d'émettre un vœu sincère, celui, que sur l'une de ses places publiques, préférablement sur celle qui a vu naître, en 1585, CLAUDE FAVRE DE VAUGELAS, s'élève une modeste statue en

1761, conseiller du roi à Colmar, office dans lequel il fut remplacé, en 1769, par son fils, Claude Aimé (V. de Valous. *Essai d'un nobiliaire lyonnais*. Lyon. A. Brun. 1861).

bronze (1) du grand académicien. Cet hommage tardif n'est-il pas bien dû à cet intelligent pionnier (2) de la langue française, que Boileau, dans ses *Réflexions critiques sur Longin*, proclame si justement le plus sage de nos écrivains.

(1) La ville de Chambéry a élevé, le 15 août 1825, une statue en bronze à Antoine Favre (haut. 2m 50) : il est représenté la tête nue, les cheveux renversés en arrière, la tête penchée sur la poitrine, en costume de sénateur : un crayon dans une main, un parchemin dans l'autre, sur l'un des côtés du piédestal est la Science dans l'attitude de la méditation ; sur un autre la Justice élevant la main : sur la face principale est l'inscription suivante :

ANTOINE FAVRE
PREMIER PRÉSIDENT DU SÉNAT DE SAVOIE,
JURISCONSULTE ÉMINENT,
ÉCRIVAIN PROFOND,
NÉ EN 1557, MORT EN 1625.

M. Victor de Saint-Genis mentionne ainsi ce fait : « En 1825, le Sénat érige un tombeau au président Favre, et, faussant l'histoire, le célèbre dans des discours pleins d'emphase, comme si l'autorité du succès et l'obéissance aveugle au prince suppléaient à la fierté du caractère. »

T. III, p. 237.

(2) M. Replat. — M. de Saint-Genis le nomme le *Greffier du bel usage*.

PIÈCES JUSTIFICATIVES

ANTOINE FAVRE.

Nous devons à l'obligeance de M. C.-A. Ducis, l'érudit vice-président de la Société florimontane d'Annecy, communication des deux pièces qui vont suivre. Ces documents ont déjà été imprimés dans la Revue Savoisienne, *précieuse publication de cette savante assemblée qui s'occupe avec un zèle si éclairé de recherches historiques sur la Savoie.*

C'est d'abord la première lettre adressée par Favre à François de Sales : cette épître a formé le premier nœud de l'attachement si vrai qui a uni ces deux âmes aussi tendres que sublimes : au point, comme l'exprime si bien M. le comte Arel, dans son Eloge historique, *publié en 1824, « que la famille de l'homme saint était devenue en quelque sorte celle de l'homme juste ; leurs biens mêmes semblaient confondus dans une sorte de communauté. » L'autographe provient d'un don des dames de la Visitation d'Annecy à la Société florimontane qui le conserve pieusement dans ses archives : « On respire en lisant cette lettre, ajoute M. Jacques Replat, à qui l'on doit cette intéressante publication, toutes les primeurs des magnifiques effluves d'une grande âme allant chercher une âme sœur. »*

La seconde pièce est une lettre de Mgr Anastase Germonio, archevêque et comte de Tarentaise, faisant l'éloge du président Favre : « On aime, dit M. Ducis, à voir parler les témoins contemporains de nos gloires. Il semble que leur illustration en est plus authentique, et qu'ils sont bien les héros de leurs œuvres, auxquelles chaque génération a ajouté son cri d'enthousiasme.

Nous avons lieu de croire que ces deux documents suffiront amplement à absoudre définitivement la mémoire d'Antoine Favre des critiques injustes que M de Saint-Genis lui prodigue si gratuitement dans son Histoire de Savoie, *ouvrage qui est loin d'être irréprochable au point de vue de la vérité historique.*

I.

Première lettre d'Antoine Favre à S. François de Sales.

Août 1593.

∴

« Viro clariss. Francisco de Sales præposito cathedr. eccles. S. Petri gebenens.
Antonius Faber Senator S. D.

« Est omninò virtuti hoc insitum et peculiare, vir clarissime, ut possessores suos non illis tantùm quos et ipsa possidet, sed ys quoq omnibus quibus amabilem se exhibet, sola sui contemplatione et admiratione reddat amabiles. Sic enim præfari lubet, non quomodo pleriq. solent, qui cùm primùm eos quos numquàm viderint, aut coràm aut per literas salutant, ab excusationibus initium sumunt, Acsi vel suspecta minùsque laudabilis videri possit honesta illa ineundæ amicitiæ provocatio, vel in eo quod per se honestum, atq. laudabile sit, exequendo, aliam quàm debiti officii rationem exquiri constarere oporteat. Tu vixdum equidem mihi de facie notus, sed nominis tui fama pro singulari qua excellis virtute, probitate, ac eruditione notissimus, tanta me fruendi tui cupiditate allectum, devintum'q. habes, ut jam inde à quo tempore mihi ad eadem ista bonarum literarum et jurisprudentiæ studia, licet minùs feliciter, incumbere contigit, de amando et observando, non tantùm consilium cepisse videar, sed etiam obligationis perpetuæ vinculum contraxisse. Neq. tamen id à te sic accipi velim quasi in me vel singula et mediocria esse putem, quæ in te universa sunt ac absolutissima, sed ut intelligas et morum et animorum similitudinem, quæ ad conciliandas inter ignotos quoq. amicitias plurimùm posse creditur, in eo etiàm interdum elucere in quo disparia sint omnia, prœter unam eamdem'q. similia consectandi voluntatem. Nam quod ys usuvenire solet, qui longiore absentis aut defuncti alicujus desiderio torquentur, ut ea demùm ratione recreari se sentiant si non solùm amici memoriam diligenter et religiosè ut par est colant, sed etiam exactissima naturæ imitatione quantùm arti effingi potest eius quasi prœsentis imaginem oculis suis intuendam objiciant, jd ipsum nobis quotquot ad virtutem contendimus faciendum existimo, ut quoniam admirabilem eius pulchritudinem qualis quanta'q. est ne animi quidem cogitatione assequi possumus, eos saltem nobis ad amandum et imitandum proponamus in quibus vivam illa sui effigiem elegantioribus et aptioribus ut ita dicam coloribus depinxerit. jta namq. fit ut ad eius cultum studium'q. vehementiùs accendamur, quam si oculis cernere possemus, proculdubio longè vivaciores prorsus'q. mirabiles sui amores in animis nostris excitaret. Nec enim malè quis, judicio meo, præclarum hoc enconium virtuti adscribat, jam olim à divino illo Platone soli attributum sapientiæ, quam utiq. sapiens nemo unquam à virtute seiunxit. Ego sanè quamquam id mihi sempèr enitendum credidi ut boni cuius'q. amicitiam quibus possem officiis et obsequys promerèrer, nihil tamen facio libentiùs quàm ut totum me quantulus sum ys dedam ultro'q. voveam, quos mihi persuadeo sic natos et educatos esse, ut ab ys consilii, doctrinæ, et, quod in re ardua laboranti præcipuum est, boni exempli adiumenta comparare possim. In quibus si te unum esse dicam qui hodiè mihi instar omnium esse possis, in ista præsertim vixdum virili ætate in qua ut tanta'q. virtutum ac scientiarum omnium non argumenta modò sed clarissima lumina proferas, ut à quo superari in posterum queas, alium quàm te habeas neminem, vereor ne adulatorem me potiùs quam probum amicitiæ *fabrum* suspicère, non quòd non sis tu tibi ipsi mihi'q. testis optimus nisi tua te fallit modestia, maiorem tibi laudem deberi quàm ex commandatione mea possit accedere, sed quia minus fortassis credibile tibi futurum sit, tale jam meum de te judicium esse quale esse deberet si mihi tam perspecta probata'q. foret virtus tua, quàm frequentissimis omnium quos de te loquentes audio sermonibus est commendata. itaq. quod superest, ne longiori epistola fiat importuna salutatio, rogo te, et, si pateris etiam atque etiam peto ut hanc perexiguam quidem sed promptissimam et liberalem singularis meæ erga te voluntatis significationem sic excipias, tanquam ab eo profectam à quo omnia devotissimi et amicissimi hominis officia non tam expectare debeas quàm pro jure et arbitrio tuo quoties videbitur, vindicare. Esset quidem honorificentius mihi, et optabilius, iam amari abs te si merêrer, ut hoc ipso merêri me intelligerem : sed erit iucundius, fortassis etiam gloriosius, si ob eam causam amari me posthac intelligam, quòd prior ego te tui'q. animi dotes eximias amaverim. Nam et plus prœstat qui prior amat, et in præclaro isto et laudabili contentionis genere ex quo suavissimam sibi quisq. speret memoriam, priorem vinci vincere est. Sic fiet ut plus tu mihi debeas quàm ego tibi, sed plus ego vicissim virtutibus tuis, quàm tu meis, si tamen is ego sum, qui meas possim ullas dicere. Benè vale, vir clarissime, et me ama. Ex urbe Chamber. 3 Cal. August. 1593. » .

†

« Au très illustre François de Sales, prévôt de l'église cathédrale de Saint-Pierre de Genève :
Antoine Favre, sénateur :
Salut!

« La vertu a ce charme particulier : sa vue seule et l'admiration qu'elle inspire, font aimer ceux qui la possèdent, non seulement par ceux qu'elle possède elle-même, mais aussi par tous ceux à qui elle montre qu'elle est aimable. Il me plaît de commencer ainsi : ce n'est point, je le sais, la préface ordinaire : les gens, qui saluent en public ou par lettres des personnes qu'ils n'ont jamais vues, ont coutume de débuter par des excuses ; comme si un décent appel à l'amitié pouvait paraître suspect et peu louable, ou bien comme s'il était nécess ire de trouver à l'accomplissement de ce qui est honnê e en soi une autre raison que celle du devoir ! Vous que je connais à peine de visage, mais qui m'êtes bien connu par la renommée que l'érudition, l'honnêteté, l'excellence singulière de votre vertu ont acquise à votre nom, vous m'avez attiré et attaché par le plus vif désir de jouir de votre commerce : aussi dès cette époque où, avec moins de bonheur que vous, j'ai entrepris de me livrer à l'étude des bonnes lettres et de la jurisprudence, je n'ai pas formé simplement le dessein de vous aimer et de vous honorer; mais je sens que j'en ai pour toujours contracté l'obligation. Je ne voudrais pas cependant vous laisser croire par ces paroles que je puisse me comparer à vous : je sais que tout ce qui est en moi borné et médiocre est en vous universel et complet ; mais je désirerais vous faire partager cette pensée que la sympathie, formée par une similitude de mœurs et de caractère, suffisante à nouer bien souvent des amitiés entre gens qui ne se connaissent pas, peut se montrer aussi chez l'homme qui diffère en tout de son modèle, sauf par sa volonté de poursuivre une égale perfection.

« A ceux que tourmentent de longs regrets, à ceux qui pleurent une mort ou une absence, il arrive parfois d'être consolés si, tout en pratiquant le culte d'un pieux souvenir, ils peuvent encore attacher leurs yeux sur une image qui, par un heureux mensonge de l'art, leur rende présent l'ami qu'ils ont perdu : or, j'estime que nous tous, qui prétendons à la vertu, nous devons aussi chercher son portrait le plus fidèle Puisque la seule pensée ne suffit pas à comprendre ce qu'elle est, à saisir toute sa grandeur, à concevoir son admirable beauté : prenons du moins pour modèles et mettons-nous à aimer ceux en qui elle s'est plu à reproduire sa vivante image sous les couleurs les plus élégantes et le mieux assorties ; alors, nous serons poussés vers son culte par une ardeur plus vive ; et s'il nous était donné de la voir elle-même de nos propres yeux, elle exciterait sans doute dans nos cœurs des amours encore plus passionnées et plus merveilleuses. Pourquoi n'appliquerait-on pas à la vertu ce brillant éloge que le divin Platon a fait de la seule sagesse, qui est, à vrai dire, pour tout homme sensé inséparable de la vertu ?

« Assurément, j'ai toujours employé mes efforts à me concilier par les bons offices et les hommages respectueux l'amitié de tout honnête homme : je ne fais rien cependant avec un plus grand plaisir que de me livrer tout entier, tel que je suis, et de me dévouer de grand cœur à ceux que je sais pouvoir me procurer l'aide de leurs conseils, de leur science ; et surtout, ce qui est l'essentiel pour un homme occupé d'affaires difficiles, à ceux que je sais pouvoir me donner les avantages du bon exemple.

« Si je disais après cela que vous seul aujourd'hui pouvez me tenir lieu de tout ; vous seul, qui à peine parvenu à l'âge viril, avez non seulement fait preuve de toute science et de toute vertu, mais qui répandez autour de vous des lumières si éclatantes que personne à l'avenir ne pourra vous surpasser : si je disais cela je craindrais que vous ne me prissiez pour un adulateur, plutôt que pour l'honnête *Faber*, loyal artisan d'amitié. Ce n'est pas, si la modestie ne vous trompe, que vous ne soyez pour moi un excellent témoin, qu'il vous est dû plus d'éloges qu'il ne saurait vous en revenir de ma louange : mais vous pourriez croire que l'opinion que j'ai de vous ne peut pas encore être ce qu'elle serait si votre vertu était aussi palpable pour moi que pour les personnes qui vous entourent, et dont les discours m'ont si fréquemment entretenu de votre mérite. En somme, pour conclure, et pour que la longueur de l'épitre ne rende pas la salutation importune, je vous prie instamment, et si vous le permettez je demande encore et encore que vous receviez cette marque, bien petite à la vérité, mais très-manifeste et bien franche de l'inclination qui me porte vers vous. De celui qui vous l'envoie, vous ne devez pas seulement attendre, mais pouvez exiger et revendiquer de plein droit tous les offices du plus dévot et du meilleur ami.

« Il serait certainement plus honorable pour moi et plus souhaitable d'être déjà aimé de vous si je le méritais, parce qu'alors et par le fait même je comprendrais que je le mérite : mais si plus tard je suis aimé par ce motif, j'en serai peut-être plus enchanté et plus fier : c'est que j'aurai aimé le premier les qualités exquises de votre âme. Celui-là en effet donne plus, qui aime le premier ; et dans cette sorte de lutte généreuse d'où chacun espère remporter le plus doux souvenir, être vaincu le premier c'est encore vaincre. Ainsi, il adviendra que vous me devrez davantage que moi à vous ; mais à mon tour je devrai plus à vos vertus que vous aux miennes, si toutefois je puis dire que quelques vertus m'appartiennent. Sur ce portez-vous bien, illustre prévôt, et aimez-moi.

« De la ville de Chambéry, 3 des cal. d'août 1593. »

Après avoir lu cette lettre charmante, *quod superest*, et pour conclure, il reste à rappeler ce passage de la dédicace du 12me livre des *Conjectures* où Favre disait à son ami :

« Si quelque souvenir de mon nom parvient à la postérité,
« qu'elle sache surtout que nul sur la terre ne vous a plus
« tendrement aimé que moi. »

J. Replat.

II.

Lettre écrite par Monseigneur Germonio, archevêque de Tarentaise.

Avril 1615.

« Au clergé de Tarentaise. . . . . (1).

« Quant à ce que vous m'écrivez de concert avec M. Sarret, ministre patrimonial, et M. Chavallard, vicaire-général, sur le premier président du Sénat de Savoie, Antoine Favre, il n'y a rien de nouveau pour moi. Dès le commencement de nos études nous avons été unis par une ancienne affection que les distances des temps ni des lieux ne pourront ni interrompre, ni détruire. J'ai toujours beaucoup chéri et admiré cet ami. Qu'y a-t-il de plus grave, de plus affectueux, de plus instruit ? Ce n'est pas un homme seulement, ce sont les lettres elles-mêmes qui font leurs preuves dans cet homme, comme l'attestent les monuments éternels de son génie, qui jouissent d'une si grande autorité auprès de tous les savants. Tout jeune encore il publia plusieurs livres de *Conjectures*, auxquels il en a ajouté vingt autres.

Il a publié également cent décades des *Erreurs des praticiens*, comme aussi son livre du *Paiement des dettes à l'occasion de l'altération des monnaies*. En fait de jurisprudence, citez une seule affaire qu'il n'explique sur-le-champ avec une science profonde, une seule question qu'il ne pèse, qu'il ne définisse exactement, en remontant à l'origine des choses avec la pénétration de son jugement. Travail intellectuel hors ligne et de la plus grande utilité à ceux qui apprennent et à ceux qui enseignent. Si jamais les

(1) *Anast Germ. epist* I, 12

occupations de l'auteur lui permettent d'achever ces travaux, est il croyable qu'il soit besoin d'autres livres sur le droit ? Ce sera plus vrai encore s'il peut mettre la dernière main aux *Rationelles* (*Rationalia*), surtout le livre des Pandectes (1), ainsi qu'à l'ouvrage intitulé *les Principes* (τα προτα) avec une seconde partie, comme il me l'a écrit lui-même il n'y a pas longtemps (2). Ces élucubrations sont telles que les amateurs de philosophie légale pourront compléter leurs études sans recourir aux gloses d'Accurse, de Bartole ou aux travaux d'autres interprètes du droit. Dans le *Code Fabrien*, grand Dieu ! quelle érudition, quelle multiplicité, quelle variété ! Il semble résumer toute la jurisprudence, puisque toute cause sacrée ou profane, civile ou criminelle, peut s'instruire et se terminer d'après ses *définitions*, comme il les appelle ; car elles contiennent les maximes et les principes des plus éminents commentateurs du droit civil et canonique.

« Ses écrits latins se distinguent surtout par la pureté et la clarté ; il réunit en effet la brièveté et la facilité à la grâce du style. Il a fait aussi une tragédie toute empreinte de science et de noblesse sur la *Mort des empereurs Gordien et Maximilien*, écrite en français, mais recommandable par l'élégance de la poésie et la force des pensées. Il a mis en vers également des méditations pieuses sur l'amour de Dieu, sur la pénitence, sur la sainte Eucharistie, sur les

(1) Les archives de la Société Florimontane possèdent un exemplaire autographe de cet ouvrage.

(2) Le recueil des œuvres de Favre ne reproduit pas ce titre. Il est probable toutefois qu'il s'agit ici de l'ouvrage intitulé : *Jurisprudentiæ papinianeæ sententia ad ordinem institutionum imperialium efformata*, dans lequel l'auteur cherche à découvrir les sources des vrais principes, *la raison*, ou, comme il l'appelle, *la règle de la règle*. C'est ce que semble exprimer le grec τα προτα. Favre n'eut pas le temps d'achever la seconde partie, comme il le faisait espérer à son ami.

(Note de la *Revue savoisienne*.)

mystères du Rosaire. Ces productions, si légères qu'elles paraissent, relèvent plutôt qu'elles ne diminuent sa dignité, puisqu'elles portent sur les sujets les plus graves. Ne voyons-nous pas, au rapport de Pline, Cicéron et les plus grands orateurs se distraire quelquefois dans la poésie et chercher leur plaisir dans la composition des épigrammes, des élégies, des endécasyllabes et le faire avec succès ?

« J'apprends que mon cher Antoine prépare des commentaires sur les Institutes de Justinien, sous le titre de *Favre instituteur*. Destinés aux étudiants, ils seront bien utiles encore aux plus avancés. N'est-il pas étonnant de voir un homme occupé d'affaires si nombreuses et si difficiles, écrire tant de volumes ? L'étonnement augmentera à la vue des ouvrages composés qui n'ont pas encore paru ou qui sont sous presse, tels que la *Consultation sur la principauté de Montferrat*, où se trouvent réunies la science et la forme avec la largeur de vues. Entre autres choses qui font son plus grand éloge, il faut placer ses réponses de chaque jour, qui lui attirent une si grande confiance non-seulement en Savoie, mais en France, en Allemagne, en Italie, en Espagne et partout ; au point que dans les causes les plus graves les princes eux-mêmes lui demandent des réponses comme à un oracle ; qu'on en a fait un chef d'école dans les universités de Salamanque, de Complute, de Coimbre et que ses adhérents s'appellent *Fabriens* Pendant les débats, qu'il faille répondre ou discuter, il ne s'exprime pas avec moins d'élégance et de précision dans l'improvisation qu'après une préparation. Sa phrase forte et ornée revêt le charme et respire le parfum de l'antiquité. Il a une mémoire inouïe, une intelligence rare ; il ne cesse de lire, il réfléchit constamment et veille toujours : car, bien qu'il aille se reposer très-avant dans la nuit, il n'attend pas le jour pour se lever. Extrêmement sobre dans le manger, le boire, le sommeil, toujours levé avec l'aube, il explique les points difficiles des lois à ses enfants, qui, bien que n'ayant pas eu d'autre maître, sauf peut-être en littérature, ont fait tant de progrès que quelques-uns d'entre eux semblent égaler leur père et précepteur dans la science du droit. L'aîné, appelé au Sénat par le duc de Savoie au même rang que son père avant qu'il devînt président, laissera un monument éternel dans le volume de ses décisions du barreau.

Le père, après avoir donné sa leçon aux enfants et écouté leurs discussions que sa parole a soulevées, se donne tout entier, du matin au soir, aux devoirs de sa charge, qui aurait de quoi occuper complètement l'homme le plus habile. Rentré à la maison, il se met à la disposition de tous ; gracieux envers les nobles et les grands du monde, affectueux et facile à l'égard des pauvres. Puis, si les affaires lui laissent le moindre loisir, il l'emploie passionnément à l'étude des lettres et surtout à la composition. Il ne s'inspire presque que des Pandectes, comme si elles étaient le trésor des hommes lettrés. Il ne perd pas non plus son temps en voyage. Deux fois il a été à Rome pour des affaires graves et importantes. Il a été appelé souvent en Piémont auprès du prince. Alors, comme s'il était débarrassé de tous les autres soucis, il médite toujours quelque chose ; puis, arrivé à l'hôtel il prend note de ses réflexions de la route. La faiblesse de sa santé n'est pas pour lui un motif de modérer son travail. C'est pourquoi je lui ai donné quelquefois des conseils d'ami ; mais cet intrépide soldat me répond toujours : « L'auteur de tout cela, c'est celui qui m'a fait. Le potier ne peut-il pas sur son tour faire un vase et le briser ? Or, notre potier ne nous brise pas, mais il nous refait ; de malheureux il nous fait bienheureux; de bas il nous élève haut ; de mortels il nous rend immortels. » Réponse digne assurément d'un si grand personnage. D'où l'on peut conclure qu'un tel homme excelle en piété et en religion non moins que dans les sciences et les arts civils et l'expérience des choses du monde. Car chaque dimanche il reçoit la sainte Eucharistie avec son épouse et ses enfants. Il fait partie de toutes les assemblées religieuses ou confréries de la ville de Chambéry, comme celle du Saint-Sacrement, du Rosaire et autres semblables. Il en supporte les charges, il en remplit les fonctions comme les autres associés qui n'ont rien autre à faire, et aux jours fixés il ne manque pas d'assister aux prières publiques et aux autres exercices accoutumés.

« Plût à Dieu qu'il y eût toujours de pareils hommes au gouvernail de l'Etat ! C'est en considération de cette vertu distinguée que non-seulement j'ai voulu vous faire connaître ses titres de gloire, mais que je félicite quelquefois Son Altesse notre prince Victor de la supériorité de ce fonctionnaire, qui est le principal ornement de notre siècle.

« Nous aurions bien d'autres choses à vous en dire, si déjà elles ne vous étaient connues et que nous ne fussions pas pressés ; car le courrier de Son Altesse, chargé de son portefeuille, ne peut attendre plus longtemps.

« Dans l'attente de l'avenir, adieu, mes enfants ; priez Dieu non-seulement pour la conclusion de la paix et pour nous, mais pour que nous puissions longtemps encore posséder le même président.

« Nice, aux calendes d'avril MDCXV. »

(Traduite par C.-A. Ducis.)

VAUGELAS

Sigismond Favre de la Valbonne, chanoine de Saint-Pierre de Genève, et Joseph-Victor Favre, sieur de Vaugelas, son frère, habitant Annecy, vendirent, le 6 mars 1712, leur fief et maison de Vaugelas à Humbert Dufour, notaire royal de Meximieux : ce dernier n'ayant point d'enfants de Claudine Morellon légua, par testament du 19 janvier 1748, sa terre et seigneurie à son neveu Humbert Dufour, notaire à Meximieux, dont la fille, Claudine, épousa Claude-Marie Louis, de Bourg en Bresse, auquel elle apporta en dot la maison de Vaugelas; à ce titre, M. Louis était détenteur des anciens terriers et de quelques papiers de la famille Favre. En 1790, la populace patriotique de Meximieux n'eut rien de plus pressé que de réclamer à grands cris qu'on lui livrât tous les titres des Vaugelas : le tout fut entassé sur la place ; on y joignit une partie des archives du château, et l'on en fit un auto-da-fé, autour duquel la foule, avec des éclats de joie stupide, forma une ronde, en chantant la Carmagnole.....

Ainsi furent détruits les titres de la famille Favre. Ils jetteraient une grande lumière sur les origines de cette maison, qui a eu, comme on l'a vu, sa part de gloire et de célébrité.

Nous avons trouvé trois pièces qui nous ont paru utiles à reproduire : elles proviennent des notes laissées par le vénérable curé Blanchon, dont nous regrettons si vivement la mort prématurée (1) : c'est une perte sérieuse pour son pays, où il avait su conquérir l'estime de tous, et qui nous frappe cruellement dans nos meilleures affections, car il s'était établi entre lui et nous une véritable confraternité littéraire.

(1) Voir l'article biographique que nous consacrons à ce respectable et savant ecclésiastique, dans le numéro d'avril de la *Revue du Lyonnais*.

III.

Procés-verbal de description de la maison de Vaugelas.

11 Mars 1656

Cejourdhuy unziesme mars mil six cent cinquante six par deuant le no^e^ royal soubs. de Meximieux a comparu Me Jacques Dubey procureur et ayant de Mre Réné Faure seigneur de la Valbonne baron de Perouges par acte de procuraon du quinziesme feburier dernier recue et signe par Me Amondry no^re^ de Sauoye a annessy dument légalizé par le consul de Savoye le mesme jour quinziesme feburier signé Charcot et scellée du seau dud. consul qu'il a exhibé en codde puis retiré pour luy servir ailleurs Qui dict et demonstre que il apartien aud. seigneur la maison fief de Vaugelas et ses dépendances et devant admodié par feu Mre Claude Faure seigneur dud. Vaugelas a feu Mr Claude Mareschal lequel en a jouy et ses héritiers le temps de leur ferme, or comme ledict seigneur a sucedde legitimement aud. seigneur de Vaugelas son frère par substituon en ses biens dépendants de lad. maison de Vaugelas et qu'il désire en prendre la reelle et actuelle possession, led. Dubex preur susd. au nom dud. seigneur auroit baille requeste à monsieur le lieutenant general a ce quil luy plais^t^. octroyé commission pour assigner la vefue dud. Mareschal et le curateur en l'hoirie dud. seigneur de Vaugelas a voir prendre acte destat des batimens et fonds de lad. hoirie de Vaugelas..... Ce jourdhuy sur les huict heures du matin..... avons nommé doffice experts les personnes de Gabriel Estion maistre charpentier et Martin Pilod maistre masson dud. Meximieux lesquels comparant ont presté le serment de raporter vérité de leur cognoissance après qu'ils auront visité lesd. biens après qu'ils auront visité lesd. biens. A l'effet de quoy a nostre assistance et présence des tesmoings soubnés se sont transporté en lad. maison de Vaugelas quils ont recognu ce qui est dict cy après.

Premierement Icelle maison size à Meximieux (1) concistant en divers membres appelée vulgairement *Vaugelas* ont recognu la porte faisant lentrée de boys noyer avec des gros cloux un marteau fermant bien devant à la clef une barre de fer apuyant à la muraille de la Seurrie et encore deux verroux palmes et gonds.

Au dedans une cour pauée.

La chambre den bas seruant de cuisine la porte de mesme boys de cloux fermant a clef auec deux verroux palmes et gonds a costé dicelle est la muraille visant sur la cour et a une fenestre trillisée de fer une porte de sapin avec un verroux et deux palmes en estat, a droite de lad. porte entrant en lad. chambre on a un cabinet seruant de lauoir ou y a une grande pierre a cet effet la porte fermant à un locquet et un verroux derrière le lauoir et auec petit cabinet pour latrine la porte de mesme avec un locquet en estat. Au derrière de lad. chambre vis à vis du forneau y a un grand cabinet la porte dicelluy daix de sapin avec ses palmes et gonds sans serrure à clef et a deux larmiers a chascuns diceux deux barreaux et des portes lune dicelles sans palmes ni gonds le long du chemin qui desant à la plaine Un autre cabinet à lentrée une porte de sapin fermant à la clef

(1) Cette maison a dû être construite vers 1581 par le sénateur Antoine Favre, d'après le millésime gravé sur le manteau d'une des cheminées. Elle avait un aspect féodal, grâce à une tour carrée surmontée d'une toiture en flèche, qui a disparu de nos jours. Cette tour n'existait point à l'époque de Vaugelas; elle eût été mentionnée dans le procès-verbal des experts. Elle dut être construite par le châtelain Humbert Dufour, qui en fit l'acquisition suivant l'acte rapporté dans les pièces justificatives sous le n° v ci-après.

avec ses palmes et gonds dans la muraille a deux buffets sans serrures ni clef avec chacun ses palmes deux larmiers lun a trois barreaux et celluy du costé du matin na quun barreau croisé.

Et lad. grande chambre a un grand fourneau le montant les bouches avec leurs pilliers et corniche le tout de pierre de taille du costé de matin et a deux grands larmiers a chascun desquels quattre barreaux croisès et des fenestres en menuiserie et paneaux de noyer et lune dicelle a une vielle vitre *avec les armes de messieurs Faure* du costè de bize a un membre servant de cave la porte en menuiserie de noyer fermant à la clef avec les palmes et gonds, trois petits larmiers du costé de matin dont deux avec chascun un larmier et une grande porte sortant dans iaslée de sapin vielle et uzé auec quattre palmes et gonds ouurant à deux pieces de mesme costé de bize soubs lad. aslée et a une porte de noyer et menuiserie avec un locquet a deux verroux auec palmes et gonds et pour aller a la boutique et a une porte de sapin fermant à clef du costé du grand chemin un grand larmier fermant auuec un verroux de deux palmes.

Dans la cour audessus la susdite chambre de la cuisine à un degré à neuf marches de boys sans defaut et en haut une gallerie soubstenue de pilliers de pierre composé de sept trauons aix et banches accordees le tout vieux et fort caduque....

Sur la cuisine y a grande aslée pour entrer a une porte ronde et la porte simple de sapin avec les palmes et gonds une serrure et sa clef en fort mauvais estat.....

Pour entrer en l'autre chambre du costé du grand chemin y a une aslée la première porte dicelle joignant à la susd. chambre et une porte de sapin avec ses palmes et gonds sans serrures ny clef et bon estat tout auprès y a un cabinet de sapin fermant à la clef au-dessus et a un petit larmier croisé d'un barreau de fer sans garnitures et la muraille du costé du matin y a un buffet fermant avec ses palmes et la muraille sur la court a une fenestre de taille garnie d'une porte en menuiserie avec ses palmes sans verroux et au larmier au dessus.....

Pour entrer au grenier y a une porte de sapin sans clef... et pour descendre des chambres en la cour y a un degré de dix pas de boys presque ruiné et au bout diceux un de pierre.....

Du coste y a des estables et autres bastiments servant de buchers.....

Tout auprès est une fontaine garnie d'une voute de massonnerie aussy presque ruiné et prest à tomber au-devant de laquelle est un four en bon estat..... et pour sortir dans le pré y a une porte de sapin avec un verroux en mediocre estat..... et colombier aussy ruiné sans couuert avec son tout bondé de bachasse.....

Un pré clos garny de quantité d'arbres dans lequel et le plus proche de lad. maison est un jardin aussi clos.

De la sont allés a un membre dependant de la susd. maison joignant a la maison de Claude Jacquemet... la grange estant un mas de la Chanodière.....

De la nous sommes expres transporté en un moulin dependant dud. Vaugelas apelle Moulin Nouuet (1) en lad. paroisse de Meximieux lequel a été recognu.....

Touttes les quelles choses ont esté ains recognues et raportès par lesd. Estion et Pillod experts susdits suivant leur cognoissances et confiance et de quoy sur la requisition dudit Dubex ay dressé acte pour servir et valoir aud. seigneur de la Valbonne ce que de raison..... faict les susd. an et jour présents Baptiste Basset et Clément Pillod dud. Meximieux qui nont ni les susd. experts scu signer pour ne scavoir requis led. Dubex a signe.

(1) Antoine Favre avait fait construire ce moulin sur le ruisseau de Longevent ; on l'appelait alors *Moulin-Nouveau* (*nouvet*). Plus tard, il a été désigné sous le nom plus rationnel de Moulin *Favre*. Il est actuellement habité par M. Joannès Rivay.

Pour l'expedition à Me Faure et les fils Faure a requisition dud. Dubex.

Signé Large note royal.

IV.

Sentence arbitrale

11 septembre 1697.

Sur les différents prest à mouvoir entre nobles seigneurs Sigismond et Victor Amédée Faure de la Valbonne, le premier chanoyne en la cathédrale de Saint Pierre de Genève, et le second lieutenant dans le régiment des dragons de son altsse d'une part,

Et noble seigneur Marc Antoine Faure Baron de Perouge etc. leur frère et d'autres.

Nous surarbitres, arbitres, arbitrateurs et amiables compositeurs respectivement nommés et convenus par les parties et ycelles plainement ouyes dans leur demandes et deffenses respectives avons, pour un bien de paix et de leur consentement, sententié et arbitré que les dits nobles Sigismond et Victor Amédée Faure frères resteront seuls possesseurs de la terre de Vaugelas biens droits et revenus et dépendant comme aussy de la grangerie de Gillion et dépendances, ycelle située en la paroisse d'Espagny mandement d'Annessy à la réserve néant moins du prez appellé le prez Prevost et c'est tout pour la part à eux differente des droits poriès pour le contrat dottal passé avec feu noble Gabriel Philibert Faure et dame Anne-Marie Maréchal Deduin leurs père et mère que pour leur part des fideicommis apposés dans le testament de feu noble Réné Faure leur ayeul du vingt trois mai mil huit cent cinquante six par lui signé, ouvert le vingt huit septembre suivant, signé Comte, par lequel ils ont été appellés tant dans la portion de noble François Antoine leur oncle que de noble Gabriel

Philibert, leur père et le départisent de tous leurs plus amplus droits en faveur du dit seigneur baron de Perouge leur frère et sur les biens par lui possédés et autres effets dont-il est saisy à la réserve de la bibliothèque qui sera également partagé entr'eux et de la jouissance d'un jardin proche de la Perrière conjointement avec le dit seigneur baron leur frère, lesquels biens cy dessus spécifiés le dit seigneur baron de Perouges maintiendra jusqu'à concurence de deux mille ducattons parts afferentes aux dits frères et dits droits dottaux d'un côté et pour le surplus de la valleur de d'iceux bien qui leur a esté relasché par les dits droits de fideicommis que les dittes parties resteront dans la mantention et évicton respective telle que de droit, et que les dittes parties seront obligés de supporter chacun pour leur part les dittes charges de l'hoyrie de leur ditte mère et pour la prononciation de la présente avons commis maître Jean Baptiste Blanc notaire ducal et bourgeois de Chambery, signé par le président d'Arenthon d'Alix et par les advocats Dupasquier et Fort.

L'an mil six cent nonante sept et le unze septembre la susditte sentence a esté par moy notaire et commissaire a ce député levé et prononcé au dit noble seigneur Marc Antoine Faure seigneur de Domesson et à nobles Sigismond et Victor Amédée Faure ses frères lesquels de gré cy présent et acceptant pour eux et les leurs ont a icelle acquiescé et acquiescent respectivement avec promesse qu'ils font d'observer tout son contenu chacun en ce qui le conserne de point en point selon sa forme et teneür et de ny contrevenir ny permettre estre contrevenu par qui que ce soit à peine de tous dépends dommages intérets et soubs l'obligation de tous leurs biens présents et advenir qu'à ses fins ils se constituent respectivement tenir apprès avoir déclairé ainsy qu'ils déclairent de nouveau de s'estre tous trois abstenus ainsy qu'ils s'abstiennent au besoing de l'hoyrie de leur père et de ne posseder les biens par luy délaissés qu'en qualité de créanciers et héritiers fideicommissaire tant du dit feu noble Réné Faure que le dit noble Marc Antoine de noble Philibert de Félicies (1) et encore d'Antoine son bisayeul paternel pour raison de la maison d'Annessy et dépendance sans préjudice de la somme de cent ducattons de la quelle le dit noble révérend Sigismond Faure promet d'en rapporter quitte le dict seigneur Marc Antoine son frère envers le sieur trésorier Rebut à forme d'obligation reçue par Me Descombes notaire les an et jour y contenus pour avoir esté la ditte somme retiré par le dit noble et révérend de la Valbonne et employé pour son utilité particulière et au surplus de tous leurs autres droits qu'ils pourraient pretendre les uns contre les autres en quittant respectivement avec paq de ne s'en jamais rien demander aux mêmes paines obligations de biens et clause de constitut que dessus par foy et serment respectivement presté renonçant à tous droits contraires et clauses requises la présente tenant par forme de transaction et sans que la présente puisse préjudicier au supplement de légitime prétendu par les dits seigneurs Faure comme cohéritiers de la

(1) Philibert Favre est dit seigneur de Félicie; où était cette seigneurie? Dans un vieux terrier, rédigé en 1445 en faveur de Guillaume de Léobard, seigneur de la Botte, il est parlé du hameau de Félicien, paroisse de Faramans, où existe encore aujourd'hui le quartier de Félie. La seigneurie de Félicie ou Félicien aurait été composée du territoire qui forme aujourd'hui les domaines du Périer, le Chappuis, Garette et Balet. Ces biens étant allodiaux, Antoine Favre obtint leur érection en seigneurie, ainsi qu'il le fit pour le fief de Vaugelas.

Le terrain sur lequel s'élevait la maison *haute et basse* de Vaugelas, était alors occupé par des terres, des vignes et des prés marécageux (depuis la gendarmerie actuelle jusqu'au séminaire). La création de la route impériale de Lyon à Genève, en 1760, décida la construction de quelques hôtelleries, et plus tard quelques maisons se groupèrent de chaque côté pour former les quartiers de Meximieux actuellement les plus fréquentés et les plus populeux.

Le clos Favre, qui n'avait qu'une maison, compte aujourd'hui onze constructions toutes sur la route de Lyon à Genève.

dame leur mère ainsi convenu tout ce que dessus et arresté par parq expres entre les dittes parties fait et prononcé à Chambery dans l'hotel du dit seigneur surarbitre en présence de Me Claude François procureur au baillage de Savoyes et bourgeois de Chambery et de Me Albert Eugène Chivis praticien de la présente ville tesmoins requis Lesquels avec les dits seigneurs frères Faures ont signés sur ma minute et moy Jean Baptiste Blanc not[re] ducal et bourgeois de Chambery a a evisay le pn̄t expédié en faveur des d[ts] seigneurs Sigismond et Victor-Amedée Faure de la Valbonne et de Vaugelas bien que d'autre main soit inscript apprès avoir icelle passé à loffice du tabellion estant icelle insinué au feuillet neuf cent cinquante cinq du troisiesme livre et les droits payés suivant l'annota mise au pied de ma minuste signé Blanc.

Nous Jean François Duvergier seigneur de Lespines com[e] de S. A. R. juge mage du Bugey lieutenant et assesseur particulier de la judicature mage de Savoye certiffions à tous qu'il appartiendra que M. Blanc qui a reçu et signé la sentence arbitralle de l'autre part escripte est notaire ducal royal procureur au sénat et bourgeois de Chambery et de bonne réputation que foy est adjousté aux actes et contracts qu'il faist. En foy ne quoy nous avons faist dresser le present iceluy signé et fait contresigné au greffière et apposé le scel de la judicature mage de Savoye à Chambery. Le quatorze septembre mil six cents nonante sept Signé Duvergier.

V.

Vente du fief de Vaugelas

6 mars 1712.

A ceux qui verront ces presentes Pierre de Masso chevalier seigneur de la feuriere, lissieu et du plantin senechal de lion sauoir faisons que par deuant les conseillers du roy notaires à lion soussignès fut présent sieur Estienne Rossillion marchand bourgeois de la ville d'Annecy etant prèsentement en cette ville logè au logis où est pour enseigne lempereur rue pepin parroisse de Saint Nizier au nom et comme fondé de procuration spèciale de noble et renerend seigneur sigismon Faure de la Valbonne chanoine en l'insigne église cathédrale de saint pierre de geneue et de noble seignéur Joseph Victor faure sieur de Vaugelas, son frère habitant en lad. ville ville d'annecy en date du vingt quatre feurier dernier reçu par Me Mauris notaire, etant en expedition duement légalisèe le même jour scellée : laquelle après l'avoir paraphé il a laissé jointe aux prèsentes ; Lequel aud. nom a volontairement vendu, délaissé et transporté avec promesse de maintenir et garantir de toutes evictions generales et particulières envers et contre tous à Mre Humbert Dufour notaire royal de Meximieux en Bresse à ce present et aceptant étant logé chez le sieur françois Dupuy maitre teinturier de cette ville rue du pas étroit paroise de saint pierre et saint saturnin, a sauoir une maison haute et basse, ecuirie, fenière, bucher, cour close, jardin et pré, le tout contigu situé aud. Meximieux apellé *Vaugelas* de la contenue en jardin d'une bicherée de semailles et en pré six sestiuèes qui se confine le tout au grand chemin de loye à peyrouge de bize, a un autre chemin tendant de leglise saint apollinaire à Charnod (1) de

(1) Avant la révolution de 1790, on voyait sur la place publique de

matin, aux terres apellèes du preynel apartenantes a divers particulliers de vent, aux pres de la billonete appartenans aux sieurs chanoines dudit meximieux et autres particulliers de soir, plus une terre chenevière de la contenance de trois bicherèes close de ses quatre hayes situèe proche lad. maison de Vaugelas, qui jouxte le dit chemin de s[t] apollinaire à charnod de soir, le dit chemin de peyrouge à loye de bize, terre chenevière d'alexis Mazoyer de vent, autre terre du sieur bruzelin de matin, plus une autre petite maison consistant en un petit batiment et un grenier au-dessus situè audit Meximieux lieu dit au mas de la chanodière proche de la croix (1) du dit Vaugelas qui jouxte le même chemin de peyrouge à loye de vent, maison d'abraham lorrin de bize, la cour de Jean Pijolet de soir, et la terre et place dependant du dit Vaugelas cy après confinèe de matin, plus une autre petite terre chenevière joignant lad. petite maison contenant environ une bicherèe, qui jouxte le jardin et cour dud. Lorrin de bize, maison et terre du dit Pijolet et du dit Lorrin de vent et de soir, le chemin

Vaugelas une croix ancienne en pierre ; elle était placée en face de la maison où est né Claude Favre de Vaugelas. Lorsqu'en 1760, on traça la route de Lyon à Genève, on la changea de place et on la mit où est la fontaine actuelle. En 1793 elle fut brisée par les patriotes de Meximieux. Son origine suffisait pour la désigner à leurs sauvages mutilations.

(1) Ce chemin porte aujourd'hui le nom de *Ruelle du Loup*. Or, on trouve sur les registres paroissiaux de Meximieux que le 15 août 1595, la fille du fermier de M. de Lacua fut tuée par le loup Cette bête furieuse, qui avait sans doute fait d'autres victimes, reparut en 1597, où elle tua et dévora l'enfant de Jean Denysa et la jeune fille de Jean Page. En 1598 le loup tua encore l'enfant de Jean Constantin, celui de Claude Fattu et la fille de François Girard, instituteur. Cet animal, qui semait l'épouvante dans le pays, fut tué par un soldat sur le chemin de Saint-Apollinaire à Charnoz. Plus tard, lorsque furent construites les maisons qui existent actuellement, le souvenir de ce triste événement lui fit donner le nom de Ruelle du Loup.

public de la dite église de saint apollinaire à charnod de matin, plus trois parcelles de vigne contenant les dites trois parcelles vingt quatre ouvrèes situeès au vignoble de saint Jean audit Meximieux, lesquelles jouxtent le grand chemin tendant de l'eglise Saint apollinaire en l'eglise de Saint Jean Baptiste de soir, le prè cy après confiné de matin, la vigne du sieur doyen de Meximieux de bize et les vignes du sieur chanoine Large et autres de vent, plus un prè situé en bas dudit vignoble de St Jean clos de ses quatre hayes, contenant environ deux sestives qui jouxte le dit vignoble de St Jean de soir, le pré du sieur du follieu de bize, et le prè des héritiers de françois Large de matin et vent, plus le dit sieur Rossillion au dit nom vend comme dessus un moulin appelé *Nouuet* situé sur la rivière de Longeuans paroisse du dit Meximieux avec tous ses artifices, cours d'eau, chaussée, batoir, réservoir au devant, cheneviére y contigue et contenant environ une bicherèe avec le jardin y joignant, et le prè joignant ledit moulin contenant environ trois sestives, lesquels moulin, cheneviere et pré jouxtent le grand chemin tendant de Meximieux au Montellier de vent et soir, terre et pré du sieur de Lacua avocat et autres de matin et bize, plus une vigne située à Montchatel paroisse de Pérouge contenant environ cinq ouvrèes, qui jouxte la vigne du sieur curé de Perouge de bize, chemins servans auxd. vignobles de matin soir et vent, plus une vigne situèe à lagnieu en Beugey au vignoble de geruais proche la tour de monuers, contenant environ huit ouvrèes dont les confins sont obmis icy pour n'etre sçus des parties, et qui seront expliqués par la suite s'il est nécessaire : et finalement une *rente noble* appelée de Vaugelas ou de fouruière contenant quarante cinq reconnoissances, de laquelle le dit Mre Dufour a en son pouvoir présentement le nouveau terrier en minute signé de Pcicolet et Bruyère nres. Tous lesquels fonds cy devant vendus apartiennent aux dits sieurs Sigismon Faure et Joseph Victor Faure en vertu de la sentence arbitrale rendue entreux, et noble seigneur marc antoine Faure leur frère et à eux cèdès pour les droits qu'ils avaient à prètendre dans l'hoirie de dame Anne Marie de Doin de la Val dizère leur mère, laquelle sentence a été rendue par les sieurs présidents daranton dalex et par les avocats dupasquier et fort,reçue par le notaire Blanc le onze septembre mil six cent quatre vingt dix sept dument légalisèe le quatorze duđit mois par le sieur duvergier juge mage du Beugey..... Cette vente faitte pour et moyennant le prix et somme de sept mille liures et cinquante liures pour épingles ou étraines de la présente vente, lesquelles.....

Fait et passé a lion ez estudes lan mil sept cent douze après midy le sixieme de mars et ont signé à la minute qui a esté controllée au bureau du controlle de lion et est restée au pouvoir de Theue l'un des dits notaires.

Signé : Boulard et Theve.

ARMORIAL

DES FAMILLES ALLIÉES AUX FAVRE

Vernat : d'azur, à une oie d'argent, tenant au bec un rameau d'arbre de sinople. — Guichenon, *Hist. de Bresse et du Bugey*. Indice armorial.

De Belli : d'azur, à un paon d'or rouant. — Guichenon.

La Palu : de gueules, à la croix d'hermines. — G.

Deschamps : de sinople, à trois trèfles d'argent 2 et 1, au chef de gueules chargé d'une tête de léopard arrachée de sinople.— G.

Guinet : de gueules, à trois mâcles d'or. — Steyert, *Arm. du Lyonnais, Forez et Beaujolais*, l'un des meilleurs et des plus consciencieux ouvrages du genre.

Pelletrat : d'azur, à un chevron d'or accompagné de trois croissants de même deux en chef et un en pointe. — Arcelin, *Indicateur héraldique du Mâconnais*, ouvrage excellent et estimé.

Damianis : de gueules, à une étoile d'argent, au chef d'or chargé d'un aigle de sable. — G.

De Monspey : d'argent, à deux chevrons de sable, au chef d'azur. — G.

De Chastillon-Chenilla : d'argent, au lion de sable. — G.

Du Boys : d'azur, au chevron d'or accompagné de trois quintefeuilles de même, deux en chef et un en pointe. — G.

Bachet : de sable, à un triangle d'or, au chef cousu d'azur chargé de trois étoiles d'or. — G.

Morel : de sable, à trois fusées d'argent en fasce. — G.

Moyron : de sable, au chevron d'argent. — G.

Nicole : d'argent, au chef d'azur chargé d'un phénix d'or couronné. — G.

Duyn du Val d'Isère : d'or, à la croix de gueules. — G.

De Lucinge : bandé d'argent et de gueules de six pièces écartelé d'argent à trois fasces de sinople. — G.

De Conzié : d'azur, au chef d'or à un lion issant de gueules. — Lachesnaye des Bois, *Dict. de la noblesse.*

De Gerbais : d'azur au chef d'argent chargé de trois étoiles de gueules. — Lachesnaye.

LYON. TYP. D'AIMÉ VINGTRINIER.

www.ingramcontent.com/pod-product-compliance
Ingram Content Group UK Ltd.
Pitfield, Milton Keynes, MK11 3LW, UK
UKHW012051240726
13965UKWH00003B/1196

9 782013 054140